AF533887

EINFACH ERFURT GESCHICHTE

ULRICH SEIDEL

Bildnachweis
Cover: Adobe stock-Henry-Czauderna
Autor: S. 3, 4–5, 8, 9 li, 10, 14, 16, 18, 19 u, 22, 24 u, 25 u, 26, 28, 30 u, 31, 32 u, 36–37, 38 o, 40 o, 45, 46, 47, 48, 49, 50, 51, 52, 53, 58, 59, 60 re u, 62, 63, 68 u, 70–71, 75 o, 76, 77, 79 o, 79 u (mit freundl.Genehmigung des Stadtmuseums Erfurt), 80 o, 81 o, 85 re, 89, 92–93, 96, 97 o, 98 u, 99, 100, 101, 102, 103, 104, 105, 106, 107 o, 109, 110, 111.
Wir danken der Stadt Erfurt für die Fotogenehmigungen: Rathaussaal (Gemälde von Peter Jenssen): S. 36–37, 40 u, 62
© GeoBasis-DE / LVermGeo LSA: S. 6
Bayrisches Staatsarchiv München: S. 9 re
Stadtarchiv Erfurt: S. 12, 13, 17, 19 o, 20–21, 34, 41. 54–55, 60 (außer re u), 62 (außer li u), 64 o, 65, 66 o, 67, 73 o, 74, 75 u, 78, 82–83, 86 o, 87 u, 90, 91,
Stadtmuseum Erfurt: S. 29
Angermuseum Erfurt, Kunstmuseum der Landeshauptstadt: S. 72
picture alliance/dpa/Michael Reichel: S. 88

commons.wikimedia.org
gemeinfrei: S. 23, 24 o, 38 u, 57 u, 61 li u, 66 u, 68 o, 85 li, 85 o, 87 o; CTHOE: S. 7 o; Benreis at wikivoyage shared: S. 27; Hagen Graebner: S. 30 o; TomKidd: S. 32 o, 98 o, 107 u; Andreas Praefcke: S. 39; GFreihalter: S. 44; Sfintu1: S. 50; Uni EF: S. 56, 57 o; anonym: S. 64 u; Michael Schilling: S. 69 u; Christoph Gommel: S. 69 o; Miraculamundi: S. 73 u; Thueringer Staatskanzlei (9198 b): S. 80 u; AndreasK58: S. 81 u; Bundesarchiv, Bild 175-01448 / CC-BY-SA 3.0: S. 86 u, Gmünder: S. 97 u

Literatur
Tamara Harwich: Manufakturen-Maschinen-Manager; Industrie- und Handelskammer Erfurt (Hrsg.), Erfurt, 2001
Willibald Gutsche (Hrsg.): Erfurt, Hermann Böhlaus Nachf. Weimar, 1986
Ulrich Seidel: Rundgänge durch die Geschichte, Suttonverlag Erfurt, 2004
Ulrich Seidel: Erfurt – Neue Rundgänge durch die Geschichte, Suttonverlag Erfurt, 2009
Konrad Stolle: Thüringisch-Erfurtische Chronik; Ludwig Friedrich Hesse (Hrsg.) Literarischer Verein Stuttgart, 1854
Dr. Steffen Raßloff: Erfurt – 55 Highlights aus der Geschichte, Suttonverlag Erfurt, 2021
weitere Quellen:
Ökumenisches Heiligenlexikon, www.heiligenlexikon.de
Heinrich Ernst Seebach – Erffurthischen Feuer-Chronicka … Joh. Joachim Hynitzsch, Erfurt 1736
Michael Kirchschlager, Lotha Bechler – Das thüringische Obscurum, Heinrich Hetzbold Verlag, Weißensee, 2001

1. Auflage 2021

Layout: Michael Osche, Düsseldorf
Satz: Christiane Zay, Passau
Druck: Druck- und Verlagshaus Thiele & Schwarz GmbH, Kassel
Buchbinderische Verarbeitung: Buchbinderei S. R. Büge, Celle

Im Wiesental 1, 34281 Gudensberg-Gleichen
Telefon: 0 56 03 - 9 30 50
www.wartberg-verlag.de
ISBN 978-3-8313-3312-7

MEHR ALS BONIFATIUS, LUTHER, BLUMEN UND PUFFBOHNEN

Erfurt auf Bonifatius, Luther und uns Puffbohnen, die Erfurter Ureinwohner, zu reduzieren, hieße, vieles zu vernachlässigen, was die Stadt ausmacht. Als Bonifatius im Jahr 742 Papst Zacharias brieflich einen neuen Bischofssitz in Erfurt anzeigte und damit erstmals „Erphesfurt" in einem hochoffiziellen Dokument nannte, siedelten Menschen bereits seit vielen tausend Jahren im heutigen Stadtgebiet. Bonifatius hob Erfurt aus dem Dunkel der Geschichte hervor und die Stadt, die „schon vor Zeiten eine befestigte Siedlung heidnischer Bauern gewesen ist" wuchs und entwickelte sich zu einer der zehn größten Städte des Heiligen Römischen Reichs Deutscher Nation.

Die politisch und wirtschaftlich weitestgehend unabhängige Stadt wurde 1664 durch die sogenannte „Reduction" zur kurmainzischen Provinzstadt „degradiert". Doch auch in diesen Zeiten hatten die Erfurter ihre Freude und ihre Not. War einst die Färberpflanze Waid das herausragende Handelsgut Erfurts, begann sich im 17. Jahrhundert der Gartenbau rasch zu entwickeln und einige Gärtner brachten es zu Ansehen und Wohlstand. Bis heute wird Erfurt als „Blumenstadt" bezeichnet.

Die Industrie entwickelte sich zwar recht spät, dennoch wurde Erfurt zum industriellen Zentrum in Thüringen. Hätten Sie gedacht, dass in Erfurt Ende des 18. Jahrhunderts in einem Jahr über 19 000 Paar Stiefel, rund 52 Paar am Tag, für das Militär hergestellt wurden? Mit dem Anschluss an das Eisenbahnnetz Mitte des 19. Jahrhundert nahm Erfurts Wirtschaft insgesamt einen deutlichen Aufschwung. Die jüngere Vergangenheit sah Erfurt als preußische Stadt, als Hauptstadt des Landes Thüringen, als Bezirkshauptstadt des DDR-Bezirks Erfurt und nach der politischen Wende 1989 wiederum als Hauptstadt des Landes Thüringen. Alles in allem eine gelungene Geschichte.

INHALTSVERZEICHNIS

WIE ALLES ANFING

Am Anfang war ...
... ja, natürlich, das Licht! Und die Aufenthaltsorte der Altsteinzeit-Menschen zwischen 100 000 und 80 000 vor unserer Zeitrechnung. Die Jäger und Sammler zogen umher, immer auf der Suche nach Nahrung. Dabei ging das eine oder andere verloren, das die heutigen Archäologen wiederfinden. Der älteste archäologische Fund aus dieser Zeit ist ein Faustkeil, der in einer Kiesgrube in Erfurt-Nord entdeckt wurde.

Wie alles anfing

ERFURTS WERDEN

WIE ALLES ANFING

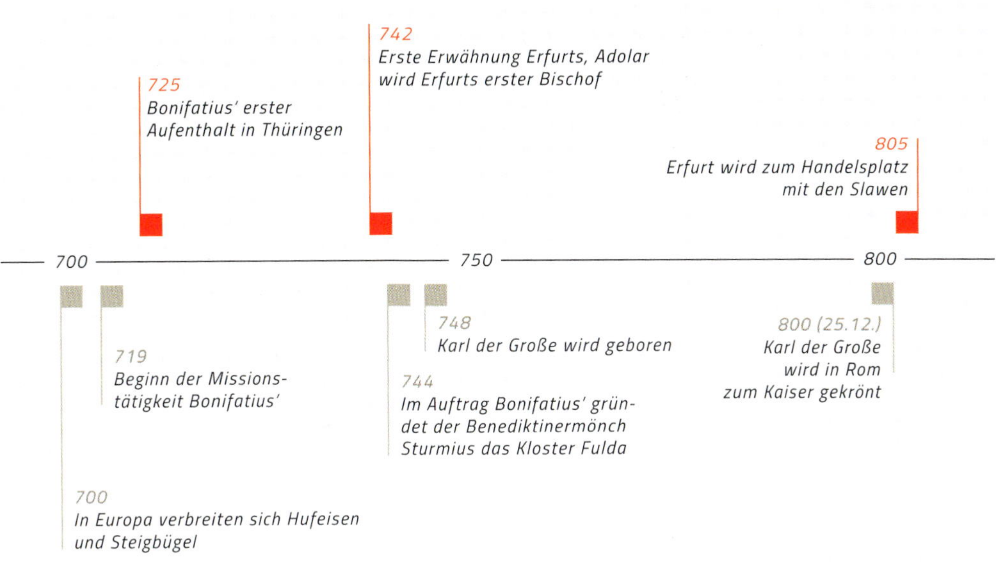

ERSTE SPUREN

Zwischen dem 1. und 4. Jahrhundert unserer Zeit siedelten die Hermunduren im Erfurter Gebiet und darüber hinaus. In Erfurt finden sich ihre Spuren vor allem im Bereich Futterstraße, Huttenplatz, Franckestraße und Johannesmauer sowie in der Regierungsstraße. Die meisten archäologischen Funde konzentrieren sich auf das Gebiet im heutigen Gispersleben, wo ein Gräberfeld mit Grabbeigaben, wie etwa Gewandspangen und Geschirr aus edlen Metallen, gefunden wurde.

DIE THÜRINGER

Politischer Höhepunkt dieser Zeit war das Königreich der Thüringer. Als möglicher Sitz der Thüringer Könige wird die Funkenburg bei Greußen gehandelt. Aber bewiesen ist nichts. Unter Herminafried erstarkte das Reich, allerdings eroberten Franken und Sachsen das Königreich in der Schlacht bei Burgscheidungen/Unstrut im Jahr 531/532. 587 starb Radegunde, die letzte thüringische Prinzessin, und wurde später heiliggesprochen. Auf dem Mühlberg steht eine kleine Kapelle zur Ehre der Volksheiligen.

CHRISTIANISIERUNG

Anfang des 8. Jahrhunderts begann die Christianisierung im thüringischen Raum und auch in Erfurt. Der später heiliggesprochene Winfried Bonifatius wurde von Papst Gregor II. am 15. Mai 719 mit dieser Aufgabe betraut. Bonifatius war ein durchaus fleißiger Missionar, wenn auch nicht immer mit sauberen Methoden: Einfach heilige Eichen fällen, nur weil die Heiden sie verehrten, wo kommen wir denn da hin? Das war natürlich eine Machtdemonstration – der christliche Gott war mächtiger als die heidnischen Götter! Schließlich blieb die Fällung der Eichen ohne Folgen.

ES GEHT VORAN

Die christliche Missionierung hatte durchaus ihre positiven Seiten, denn nun entstanden erste Strukturen, die auf eine baldige größere Siedlung hoffen ließen. Bonifatius errichtete erst mal, wohl auf dem heutigen Domberg, eine Taufkapelle für seine Schäfchen. Schließlich hatte Bonifatius so viele Heiden zum Christentum bekehrt, dass es notwendig wurde, in Erfurt einen Bischof einzusetzen. Bonifatius schrieb an Papst Zacharias:

„*Und wir bitten und begehren, dass jene drei Orte* [gemeint sind Würzburg, Büraburg und Erfurt, U.S.], *in denen wir sie eingesetzt haben, durch Urkunden kraft Eurer Autorität bestätigt und gesichert werden. Einen dieser Bischofssitze haben wir errichtet […] in dem Ort, welcher Erphesfurt heißt, der schon vor Zeiten eine befestigte Siedlung heidnischer Bauern gewesen ist.*“ (vgl. Abb. ab Zeile 9)

Bonifatius schrieb diesen Brief vermutlich im August 742, das Antwortschreiben Papst Zacharias' ist auf den 1. April 743 datiert. Darin bestätigte der Papst alle neu errichteten Bischofssitze. Das Originalschreiben von Bonifatius ist nicht mehr erhalten, es gibt jedoch eine Abschrift aus dem 9. Jahrhundert, die in der Bayerischen Staatsbibliothek München aufbewahrt wird.

DER HEIDENAPOSTEL

BONIFATIUS

Winfried (Wynfreth) Bonifatius wurde 672/673, spätestens 675 in Crediton, Grafschaft Devon im englischen Königreich Wessex geboren. Er wuchs in einer vornehmen Familie auf, die ihm eine Ausbildung in einem Kloster in Essex ermöglichte. Das Mönchsgelübde legte Bonifatius im Benediktinerkloster in Nhutscelle, dem heutigen Nursling, ab. Im Alter von 30 Jahren wurde er zum Priester geweiht und arbeitete als Lehrer für Grammatik und Dichtung. Er verfasste viele Bibelauslegungen und auch die erste englische Grammatik. Eine Missionsreise führte ihn im Jahr 716 nach Friesland, wo er allerdings erfolglos versuchte, die Heiden zum Christentum zu bekehren. Sein Biograf schrieb später: „die trockenen Gefilde [in Friesland, U.S.] waren noch nicht vom himmlischen Tau erfrischt."

Als der Abt seines Klosters 717 starb, wurde Winfried dessen Nachfolger. Im Herbst 718 sandte Bischof Daniel von Winchester Winfried nach Rom, wo er von Papst Gregor II. beauftragt wurde, als Heidenapostel den deutschen Völkern das Evangelium zu verkünden. Gregor weihte ihn am 15. Mai 719 auf den Namen des Heiligen des Vortages, Bonifatius. Seine Missionsreise führte ihn zunächst nach Bayern, anschließend nach Thüringen.

Greogor II. ernannte ihn 722 zum Missionsbischof und erteilte ihm den Auftrag, die Kirche in Germanien zu ordnen. Mit Empfehlungsschreiben des Papstes ausgestattet, missionierte Bonifatius in Hessen und Thüringen, in Bayern und Sachsen. Die Bistümer Salzburg, Passau, Regensburg und Freising wurden unter Bonifatius' Leitung reorganisiert – manche behaupten auch, er hätte sie gegründet. Schließlich konnte Bonifatius mit Unterstützung des fränkischen Hausmeiers Karlmann die Bistümer Würzburg, Büraburg (Fritzlar) und eben Erfurt gründen. Als Bischof setzte Bonifatius dort seinen langjährigen Weggefährten Adolar ein.

747 ernannte der Papst Bonifatius zum Bischof von Mainz. Eigentlich sollte er Erzbischof von Köln werden, dies scheiterte aber am Widerstand rechtsrheinischer Bischöfe, die das Metropolitansystem ablehnten. Mainz war also eher eine Art Abfindung. Die Erhebung zum Erzbistum Mainz erreichte erst Lullus, Bonifatius' Nachfolger.

Bonifatius hatte gute Beziehungen zum fränkischen Herrscherhaus, besonders zu Karl Martell und dessen Sohn Karlmann. Als Karlmann 754 starb, übernahm sein Bruder Pippin II. die Macht in seines Bruders Reich, dem östlichen Gebiet des Frankenreiches, und die einst guten Beziehungen kühlten sich ab.

Bonifatius hat viel für die römische Kirche erreicht: Die grundlegenden Regeln des christlichen Lebens und der kirchlichen Zucht waren festgelegt, Rechte und Pflichten des Bischofs benannt sowie Verhalten und Standesethos des Klerus geregelt. Die Beanspruchung kirchlicher Güter zur Sicherung der Herrschaft der Karolinger, die Abkehr von heidnischen Bräuchen oder Fragen des kirchlichen Eherechts wurden unter dem Zutun Bonifatius' festgelegt.

Bonifatius machte sich mit einigen Gefährten, darunter Adolar und Eoban, im Jahr 753 noch einmal zu einer Missionsreise nach Friesland auf. Ob er ahnte, dass dies seine letzte Reise werden würde? Zumindest hatte Bonifatius ein Leichentuch mit im Gepäck – so ist es überliefert. Während einer Taufe zum Pfingstfest 754 (oder 755) in der Nähe von Dokkum wurde die Gemeinschaft von Räubern überfallen. 51 Menschen sollen damals getötet worden sein. Große Beute machten die friesischen Räuber nicht. Einige wurden später gefangen und getötet, andere wurden begnadigt und sind daraufhin Christen geworden. Über Utrecht gelangten die sterblichen Überreste Bonifatius' schließlich ins Kloster Fulda.

WEHRHAFTES ERFURT

Erster Bischof in Erfurt war ein Wegbegleiter Bonifatius', der heilige Adolar (Adalar). Dessen Gebeine wie auch die seines Freundes Eoban wurden im 12. Jahrhundert bei Bauarbeiten im Dom St. Marien aufgefunden und feierlich in einem Sarkophag bestattet. Der Sarkophag ist heute in der Krypta der Hohen Domkirche St. Marien zu Erfurt zu bestaunen.

WEHRHAFTES ERFURT

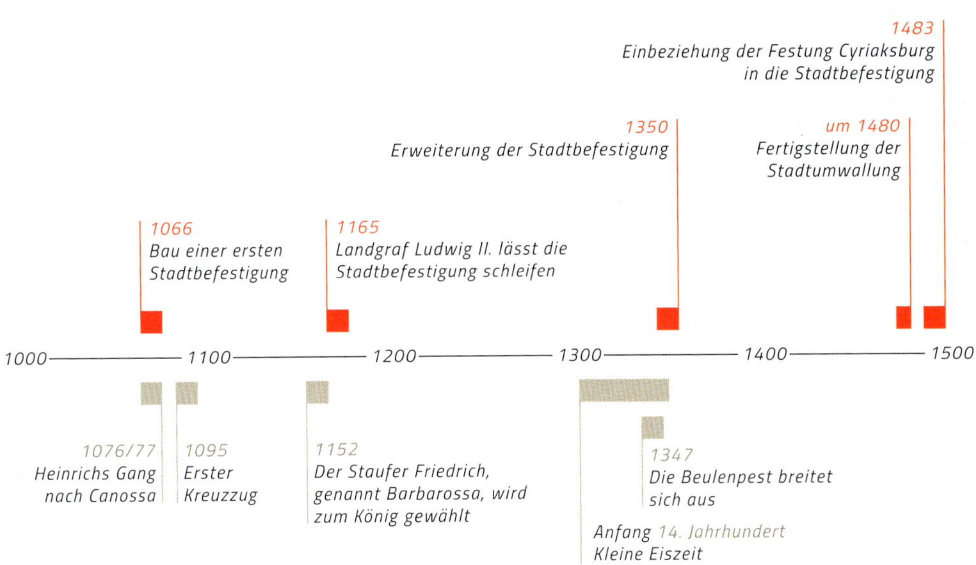

HAUPTSACHE GESCHÜTZT

Einen Bischofssitz gründet man nicht etwa willkürlich, sondern wählt einen bedeutenden und bekannten Ort – so wie Erfurt im 8. Jahrhundert. Bonifatius schrieb in seinem Brief an Papst Zacharias, der Ort war „schon vor Zeiten eine befestigte Siedlung". Wie diese Befestigung aussah? Das weiß keiner so genau. Fest steht allerdings, dass der Thüringer Landgraf Ludwig im Jahr 1165 eine Stadtbefestigung hat schleifen lassen. Der Erfurter Geschichtsforscher Rudolf Böckner vermutete Ende des 19. Jahrhunderts, dass diese aus einer Landwehr mit Graben, wallartigem Erdaufwurf und dichter Heckenbepflanzung bestanden habe.

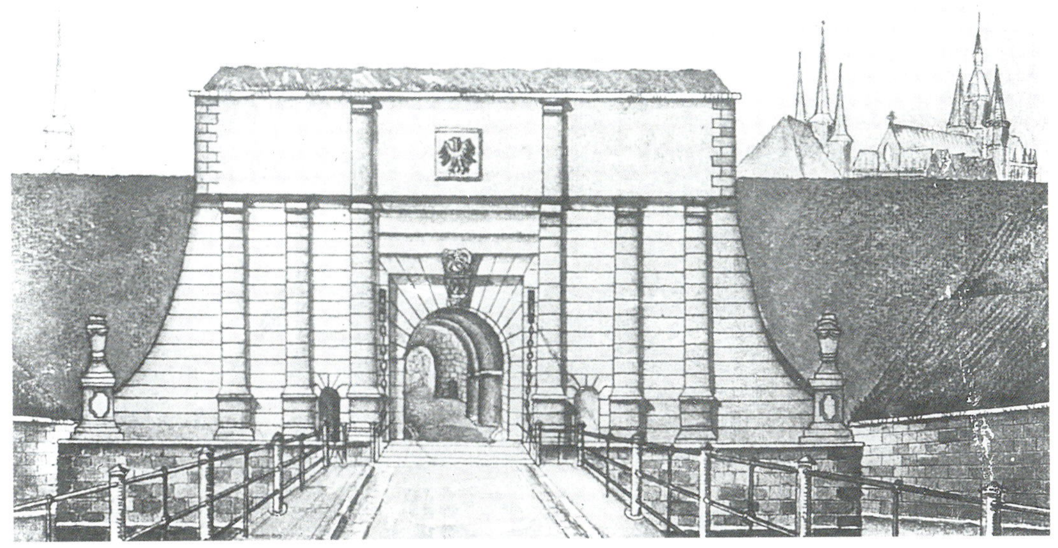

DIE ZITADELLE PETERSBERG

Warum nur hat Bonifatius seine Taufkapelle nicht auf dem Petersberg errichtet, der seinerzeit „Oberberg" genannt wurde, sondern auf dem wesentlich weniger hohen „Unterberg", dem heutigen Domhügel? Diese Frage stellen sich Historiker von Zeit zu Zeit und immer wieder. Manche behaupten, der Petersberg wäre schon mit einem fränkischen Kastell besetzt gewesen. Was daran wahr ist? Niemand kann es mit Bestimmtheit sagen. Dass aber im Jahr 1060 ein Kollegiatstift auf dem Oberberg (Petersberg) bestand, ist urkundlich belegt, denn Erzbischof Siegfried I. wandelte dieses Kraft seiner Autorität in ein reformiertes Benediktinerkloster um.

Die ersten beiden Äbte des Benediktinerklosters sind nur dem Namen nach bekannt: Rugast und Rabbato. Ihnen folgten bis zur Auflösung des Klosters 1803 weitere achtundvierzig Äbte. Eine Chronik des Petersklosters nennt zwar das Jahr 706 als Gründungsjahr, jedoch darf diese Behauptung als frei erfunden angesehen werden. Da hat wohl jemand auf alte Rechte pochen und sich Besitz sichern wollen.

Im Jahr 1080 wütete ein fürchterliches Feuer und zerstörte die Klosteranlage. Ab 1103 wurden die Klostergebäude wieder aufgebaut und die Klosterkirche St. Peter und Paul errichtet. Die Klosterkirche der Benediktiner war der erste Kirchenneubau in Thüringen nach dem Vorbild des Klosters Hirsau. Gleichzeitig gilt sie als erster Großbau der Romanik.

Die beiden Türme der Klosterkirche ragten weit über die Stadtsilhouette hinaus und boten über alle Zeiten hinweg einen markanten Orientierungspunkt. Doch bereits wenige Jahre nach Fertigstellung der Klosterkirche wurde sie, wiederum durch einen Brand, schwer beschädigt. Abt Wernher II. (Abt des Petersklosters von 1142 bis 1147) schreibt, man *„brachte es mit der angestrengtesten Mühe kaum dahin, daß die Kirche und die inneren Klostergebäude unter Dach kamen"*, wie es in einer Überlieferung heißt. Mehrmals war das Kloster Domizil für Kaiser und Könige. Reichstage wurden abgehalten. 1181 unterwarf sich Heinrich der Löwe in der Peterskirche Kaiser Friedrich I. Barbarossa, ein politisch bedeutsamer Vorgang von großer Tragweite.

Kloster und Festung

Wenige Tage nachdem die Stadt Erfurt sich nach wochenlanger Belagerung am 5. Oktober 1664 auf „Gnade und Ungnade" dem Mainzer Stadtherrn unterwarf, begannen Planungen und Arbeiten, um auf dem Petersberg ein Festungsbauwerk zu errichten. Ziel war es, den Widerstand Erfurts zu brechen und sich gegen protestantische Landesherren zu schützen. Nach einer Besichtigung durch Erzbischof und Kurfürst Johann Philipp von Schönborn in Begleitung des französischen Generals Pradel, weiterer Offiziere und eines Ingenieurs fertigte man erste Entwürfe für eine barocke Festungsanlage. Bevor am 1. Juni 1665 der Grundstein für die Zitadelle gelegt wurde, schufen etwa 600 Arbeitskräfte „Baufreiheit", eine Art tabula rasa: Mehrere Häuser am Südhang des Petersberges wurden abgerissen, andere zu Soldatenunterkünften erklärt, die Treppe zum Kloster Sankt Peter und Paul abgebrochen und die Weinberge eingeebnet.

16 000 Baumstämme wurden zu Palisaden verbaut, Gräben ausgehoben und Tore errichtet, die den Zugang zur Baustelle regelten. Vom Kloster genutzte Flächen und Gebäude fielen dem Festungsbau zum Opfer: der Ackerhof mit Stallungen und Scheunen, der weitläufige Obstgarten der Benediktinermönche, der herrschaftliche Wohnsitz zum grünen Hagen und das Klosterkrankenhaus. Teile der Andreasvorstadt lagen nun innerhalb der Festung.

Nach Auflösung des Klosters wurde das Areal bis in die 1960er-Jahre militärisch und zivil genutzt. Dabei hatte es durchaus Erholungscharakter. Die Klosteranlagen waren von Weingärten umgeben *„wie mit einem blühenden Kranze"*. In den Sommermonaten lustwandelten zahlreiche Spaziergänger durch die weitläufigen Anlagen und erfreuten sich am *„harmonischen Glockengeläute, das von den hohen Thürmen in reingestimmten Akkorden durch die heitre Luft ertönte"*.

Die Zitadelle Petersberg gehört zu den größten und am besten erhaltenen barocken Festungsanlagen in Deutschland. Sie ist ein echter Hingucker und Besuchermagnet für Einheimische und Touristen.

ERFURTS ERSTE STADTMAUER

Kaum war die eine Stadtbefestigung zerstört, ließen die Erfurter Bürger ab 1168 eine neue bauen, aber eine richtige. Ging halt nicht ohne. Die Stadtmauer bestand vorwiegend aus Kalkstein, der in stadteigenen Steinbrüchen bei Daberstedt gewonnen wurde. Die doppelte Ringmauer war etwa fünf Kilometer lang und verfügte über 50 (!) Wehrtürme. Und schon damals gab es eine Art DIN: Kaiser Konrad IV. legte im 13. Jahrhundert für alle Orte mit Stadtrecht fest, dass deren Mauern mindestens 5,64 Meter hoch sein sollen. Die Mauerhöhe der stadtabgewandten Seite, der „Stadtmauer", betrug sechs bis acht Meter. Die stadtzugewandte Seite, die „Zwingermauer", hatte eine Höhe von vier bis fünf Metern. Somit lagen die Maße innerhalb der von Kaiser Konrad IV. geforderten Mauerhöhe.

ZWISCHEN DEN MAUERN

Zwischen den beiden Mauerringen lag ein etwa dreißig bis fünfzig Meter breiter „Zwinger", der durch kleine Pforten von der Stadtseite aus betreten werden konnte. Im Bereich der sechs Haupttore gab es keine Zugänge zum Zwinger. Im Verteidigungsfalle sammelten sich die wehrfähigen Bürger im Zwingerbereich und warteten auf ihre Befehle. Auch die Menschen, die vor den Toren siedelten, die „Vortorer", fanden Schutz im Zwinger.

In längeren Friedensperioden verpachtete die Stadt die Flächen im Zwinger oft an Privatpersonen, die dort Obst und Gemüse anbauten. An den Stadttoren entrichteten die Händler den Zoll, bevor sie in die Stadt hineindurften. An den wichtigsten Straßen lagen die am stärksten befestigten Tore. Die Tore waren nicht nur verkehrstechnisch bedeutsam, sondern dienten auch der Repräsentation.

EINE NEUE MAUER MUSS HER!

Eine Erweiterung der Stadtbefestigung erfolgte ab der zweiten Hälfte des 14. Jahrhunderts. Immer mehr Menschen mussten vor den Toren und Mauern siedeln, da innerhalb des Stadtmauerringes einfach kein Platz mehr war. Die bereits erwähnten „Vortorer“ sollten ebenfalls den Schutz der Stadt genießen und als Gegenleistung ihre Bürgerpflichten erfüllen, sprich Steuern zahlen. Man errichtete Erdwälle und unterbrach sie durch vorgeschobene Toranlagen.
Die Arbeiten an der „neuen“ Stadtumwallung begannen 1373. Die Erdwälle hatten eine Dicke von etwa dreißig Metern und eine Höhe von rund zwanzig Metern, sie wurden von Stützmauern gehalten. Acht Tore ermöglichten den kontrollierten Zugang zur Stadt. Um 1480 waren die Arbeiten abgeschlossen. Erfurt bot seinen Feinden, wie dem räuberischen Adel des Umlands, nun ein wehrhaftes Bild.

ZUNEHMENDE ENGE

Zwar war die Stadtbefestigung über Jahrhunderte hinweg ein Garant für die erfolgreiche Entwicklung, aber sie war ebenso ein Hindernis für die notwendige räumliche Ausbreitung. Gleichwohl dauerte es bis in die zweite Hälfte des 19. Jahrhunderts, bis Preußen die Festung Erfurt aufgab und die Verteidigungsanlagen und Stadtmauern beseitigen ließ. Diese „Entfestigung“ Erfurts kostete über 485 000 Reichsmark, heute etwa 3,1 Mill. Euro. Mehr als 83 Hektar, die ehemals fortifikatorischen Zwecken dienten, gingen in den Besitz der Stadt Erfurt über, die Straßen, Plätze, Promenaden und Grünanlagen errichten ließ. Heute sind nur noch wenige Reste der einstigen Stadtbefestigung erhalten.

„IN LANDESÜBLICHER ART SCHÜTZEN“

Das Kloster auf dem Petersberg war Bestandteil der Stadtbefestigung im Nordwesten. Nach den Ordensregeln des heiligen Benedikt sollten die Mönche ihre Klöster gegen „*die Verwüstungen, mit denen ein unvermuthet heranstürmender, nur zu Pferde angreifender Feind das Land heimsuchte, in landesüblicher Art schützen*“. Auch mit dem Bau der erweiterten Stadtbefestigung ab dem späten 12. Jahrhundert war die Erhebung Petersberg in die Verteidigungsanlage integriert und blieb es bis zur Aufhebung der Festungseigenschaften Erfurts durch die preußische Regierung im Jahr 1873. Am Nordwesthang des Petersberges, an der Zufahrtsstraße von der Biereyestraße aus gelegen, sind die Reste des Hohen Turmes zu sehen, mit dessen Bau etwa 1413 begonnen wurde. Von diesem rund dreißig Meter hohen Turm aus hatten die Wachen einen weiten Blick über das nach Westen hin ansteigende Gelände.

DIE HORCHGÄNGE

Zu Beginn des 18. Jahrhunderts waren die Arbeiten an der Kernfestung Petersberg abgeschlossen. Die oft fälschlicherweise als Minengänge bezeichneten Horchgänge wurden bereits mit der Errichtung der Festungsmauern in deren Fuß ausgespart und später überwölbt. Diese Horchgänge dienten zur Feststellung eines feindlichen Angrabens (das Minieren) der Festung. Bei dieser seinerzeit gängigen Kriegspraxis trieben Mineure mit bergbautechnischen Mitteln Stollen bis an die Festungsmauern voran, die mithilfe von Sprengstoff zum Einsturz gebracht werden konnten. Die Anlage von Horchgängen in der Festung war ein probates Mittel, diese Angriffe abzuwehren. Im Belagerungsfall patrouillierten also Soldaten der Festungsbesatzung ständig in den Horchgängen, um Grabgeräusche festzustellen und entsprechende Gegenmaßnahmen einleiten zu können.

GROßE PLÄNE

In den 1960er-Jahren plante man, auf dem Petersberg ein „Exklusivhotel" zu errichten und die ehemalige Klosterkirche durch Freilegung als Ruine in das Ensemble einzubeziehen. Dazu sollte das im 19. Jahrhundert aufgebaute Dach entfernt und der 80 m lange dreischiffige Baukörper als Rosarium mit dem angrenzenden Hotelneubau verbunden werden. Ein Modell zeigt die geplante neue Stadtkrone Erfurts. Das „älteste Bauwerk der Stadt [sollte, U.S.] mit dem modernsten und bekrönenden Objekt des Petersberges in spannungsreicher Synthese" verschmelzen. Na ja. Die Idee wurde nicht umgesetzt und vermutlich ist uns Erfurtern und den Touristen einiges erspart geblieben ...

BAUHÜTTE

Die Bauhütte Petersberg erneuert seit den 1990er-Jahren die bestehenden Anlagen und heute präsentiert sich das Areal auf dem Petersberg, das bisher so viele unterschiedliche Nutzungsarten erlebt hat, als sehens- und erlebenswertes Stückchen Erfurt. Unbestritten brachte die BUGA 2021 neues Leben in die Festungsgräben.

HANDEL UND HANDWERK

Erfurt war über Jahrhunderte ein wichtiger Handelsplatz in Mitteldeutschland. Bedeutende Handelswege kreuzten sich in der Nähe des heutigen Fischmarktes, vermuten Archäologen und Historiker.

ERFORDIA
Erfurt.

HANDEL BRINGT WANDEL

„Ist der Handel noch so klein, bringt er mehr als Arbeit ein."
Erfurts Lage am Schnittpunkt wichtiger Handelswege wie der Via Regia (West-Ost-Richtung) und dem „Frankenstieg" (Süd-Nord-Richtung) begünstigte die Entwicklung der Stadt zu einem bedeutenden Handelsplatz mit Stapelrecht und Messeprivileg.

DIE LAGE IST GÜNSTIG

805 legte Karl der Große im Diedenhofener Kapitular fest, dass Erfurt ein Grenzhandelsplatz seines Frankenreiches sein sollte. Ausschlaggebend dürfte die günstige Lage der Stadt gewesen sein. Im Diedenhofener Kapitular aus dem Jahr 805 heißt es unter anderem: „Die Kaufleute, die das Gebiet der Slawen und Awaren besuchen, sollen [...] mit ihren Waren nur vordringen bis [...] Erfurt, wo Madalgaudus die Aufsicht führt."
Verboten war der Handel mit Waffen aller Art, denn zu dieser Zeit gab es immer wieder kriegerische Auseinandersetzungen zwischen den Franken und Slawen. In friedlichen Zeiten aber wurden rege Waren ausgetauscht: Exportiert wurden Gewürze, Wein, Silber, Metallerzeugnisse, Schmuck und Gewebe. Besonders beliebte Importartikel waren Pelze, Häute, Honig, Wachs und Sklaven(!).

HANDEL BRINGT WANDEL

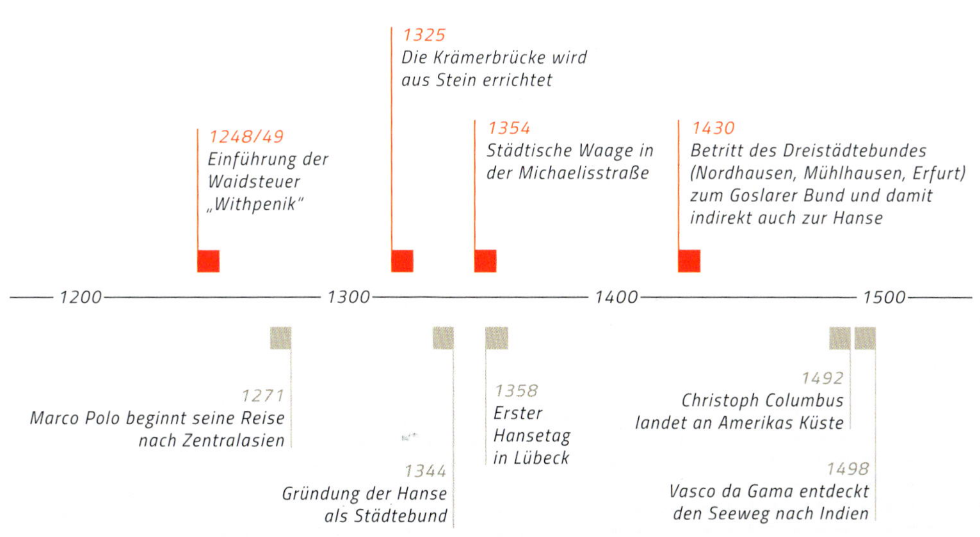

MESSESTADT ERFURT

Dass die Händler gewisse Abgaben leisten mussten, versteht sich fast von selbst. Das brachte dem König und der Stadtkasse viel Geld ein. Aber die Händler konnten das verkraften, hatten die meisten doch ein gutes Auskommen. Rasch entwickelte sich Erfurt zu einem Handelsplatz mit Stapelrecht und ab 1331 mit Messeprivileg. Doch damit war es vorbei, als Kaiser Maximilian I. der Stadt Leipzig 1497 ein Messeprivileg erteilte und später die Bannmeile ausweitete. Nun durften in Erfurt keine Messen mehr stattfinden.

FÄRBERWAID – HANDELSGUT NUMMER EINS

Spätestens im 13. Jahrhundert erhebt Erfurt eine Waidsteuer, den Waidpfennig (Withpenik). Zwischen dem 13. und dem Beginn des 17. Jahrhunderts blühte der Handel mit der Färberpflanze. Die Bauern im Erfurter Umland bestellten ihre Äcker mit dieser zweijährigen Pflanze aus der Familie der Korbblütler. Die getrockneten und zu faustgroßen Bällchen geformten zermahlenen Triebblätter lieferten sie nach Erfurt auf den Waidmarkt (heute der Bereich zwischen Angermuseum und Altem Angerbrunnen). Der Handel war streng reglementiert und nur zwischen Trinitatis (der Sonntag nach Pfingsten) und dem Michaelistag (29. September) erlaubt.

GROSSE GEWINNE AUS DEM WAIDHANDEL

Waidjunker, Kaufleute mit mindestens 1000 Talern Jahreseinkommen, durften Rohwaid einkaufen und weiterverarbeiten. In Fässern wurde der Rohwaid mit Harnstoff zur Fermentierung gebracht. Schließlich wurde aus der stinkenden Brühe Farbpulver, mit dem man Stoffe blau färben konnte. Die Waidjunker kauften den Harnstoff (Urin) von Gasthöfen oder Pferdeställen. Manche Waidjunker sollen sogar Jungen im Alter bis 12 Jahre beschäftigt haben, die ihre Notdurft in die Waidfässer verrichteten – die Waidpinkler. Angeblich brachte dies die besten Ergebnisse.

STINKREICH!

Stellen Sie sich einen heißen Sommertag vor und Hunderte Fässer mit in Fermentation begriffenem Waid – wie mag das gerochen haben? Vielleicht kommt daher der Spruch, die Erfurter seien *stinkreich*. Der Reichtum der Erfurter Waidhändler ist auf jeden Fall belegt: 1619 hatte der wohlhabendste von ihnen, Hiob von Stotternheim, einen Gewinn von fast 26 000 Gulden zu versteuern. Ein Waidmeister, der auf dem Markt die Aufsicht über den Handel mit dem Waid hatte, verdiente am Tag acht Pfennige. Er hätte also mehr als 2200 Jahre arbeiten müssen, um diese Menge Geld anzuhäufen. Handelsbeziehungen der Erfurter Waidhändler reichten über ganz Europa bis nach Nordafrika.

KRÄMERBRÜCKE

Unbestritten das bemerkenswerteste profane Bauwerk Erfurts ist die einzige mit bewohnten Häusern bebaute Steinbrücke nördlich der Alpen. Die Brücke wurde, nachdem es bereits einige hölzerne Vorgängerbauten gegeben hatte, 1325 in Stein errichtet und führt über die Gera, die in diesem Bereich Breitstrom genannt wird. Zwei der sechs Sandsteinbögen überspannen die beiden Flussarme des Breitstroms, die anderen führen über Land und ermöglichen so zum Beispiel das Betreten des Dämmchens, der Insel nördlich der Krämerbrücke. Von dort eröffnet sich ein faszinierender Blick auf die 125 m lange und 25 m breite Brücke.

Ehe die Krämerbrücke „zu Stein wurde", hatten die Krämer an dieser Stelle unter freiem Himmel ihre Verkaufsstände. Erst nach dem großen Stadtbrand von 1472 wurde die Brücke mit 62 schmalen Fachwerkhäusern bebaut, in denen die Krämer auch wohnten. Heute sind es noch 32 an der Zahl, denn im Laufe der Jahrhunderte wurden sie zu größeren zusammengefasst.

Die Brücke lag im Verlauf einer der bedeutendsten Handelswege des Mittelalters, der Via Regia. Den Krämern gelang es, eine Art Monopol zu errichten, sie erwirkten vom Rat der Stadt die Zusage, dass nur auf der Brücke mit Kramwaren gehandelt werden durfte; die da waren: Gewürze, seidene Bänder, Gold- und Silberwaren.

Die Breite des Weges durch die Häuserflucht lässt erahnen, dass einst wohl nur Handkarren über das Kopfsteinpflaster ratterten. Schwere Fuhrwerke mussten die Furt nördlich der Brücke benutzen, um an das jenseitige Ufer der Gera zu gelangen.

Im Haus Nr. 9, „Haus zum Affen" genannt, erlitt 1635 ein Stadtmusikant einen gewaltsamen Tod und Johann Bach übernahm dessen Stelle. Er wohnte fortan im Haus zum schwarzen Ross, Krämerbrücke Nr. 19.

Viel Leid verursachten die zahlreichen Brände auf der Krämerbrücke. Von einem Feuer im Jahr 1579 ist überliefert, dass die Frau eines Schneiders ihr Kind aus der brennenden Stube in die Arme ihres Gatten werfen wollte, der bereits vor dem Hause stand. Jedoch war der Wurf so unglücklich, dass das Kind auf dem Boden landete und verstarb.

Eine Stiftung setzt sich für den Erhalt der Brücke und der auf ihr befindlichen Häuser ein. Sie hat die Aufgabe, neben der Nutzung als Wohnraum auch einen dem mittelalterlichen Denkmal entsprechenden Gebrauch der Brückenbauten durch Gewerbe, Handwerk, wie z. B. eine Puppenwerkstatt, Ladenlokale, Antiquitätengeschäfte und kleine Galerien bzw. Museen zu ermöglichen. Im Haus der Stiftungen (Krämerbrücke 31) kann man heute einen Blick hinter die Fassaden werfen. Die Besucherinnen und Besucher erfahren Wissenswertes über Geschichte und Architektur der Krämerbrücke und die Wohnverhältnissen der Krämer.

Nach wie vor leben in den Brückenhäusern ganz normale Menschen und Brückenkater Franz streift durch sein Revier. Viele der Tausende Touristen, die Jahr für Jahr die Krämerbrücke bestaunen, merken oft nicht, dass sie über eine Brücke schlendern, denn den Fluss kann man nicht sehen. Erst wenn sie die Gasse zwischen den Häusern verlassen, und an Nord- oder Südseite stehen, werden sie gewahr, dass es sich tatsächlich um eine Brücke handelt.

Handel und Handwerk

DAS GOLDENE HANDWERK

In einer Reisebeschreibung aus dem Jahr 1284 zieht der Autor über die armen Schuster her: „Das Schustervolk wird mich als Freund nicht begrüßen (...) Warum wohl? Ei, weil sie ein schlecht Gesindel! | Sie hängen dir Ramsch auf mit schwatzigem Schwindel! | Geißleder zahlst du, vom Schaf ist der Schund, | sie schwören: „Vom Bock!“ | Dann ist's sicher vom Hund.“

DIE ZÜNFTE

Ab dem 13. Jahrhundert entstanden Handwerkszünfte, die sich quasi selbst verwalteten, ihre Statuten festlegten und sich diese vom Stadtrat lediglich bestätigen ließen. Zu den „Großen Zünften“ gehörten die Krämer, Bäcker, Löber (Lohgerber), Wollweber, Schuhmacher, Kürschner, Schmiede, Fleischer und Schneider. Sie hatten ab 1283 das passive Wahlrecht für den Stadtrat und durften je einen Vertreter in den Stadtrat entsenden.
1510 erstritten sich die „Kleinen Zünfte“ Wahlrecht, Sitz und Stimme im Stadtparlament: die Weißgerber, Senkler, Böttcher, Schilderer, Hutmacher, Pergamenter, Färber, Heringer und Reußen (Flickschuster).

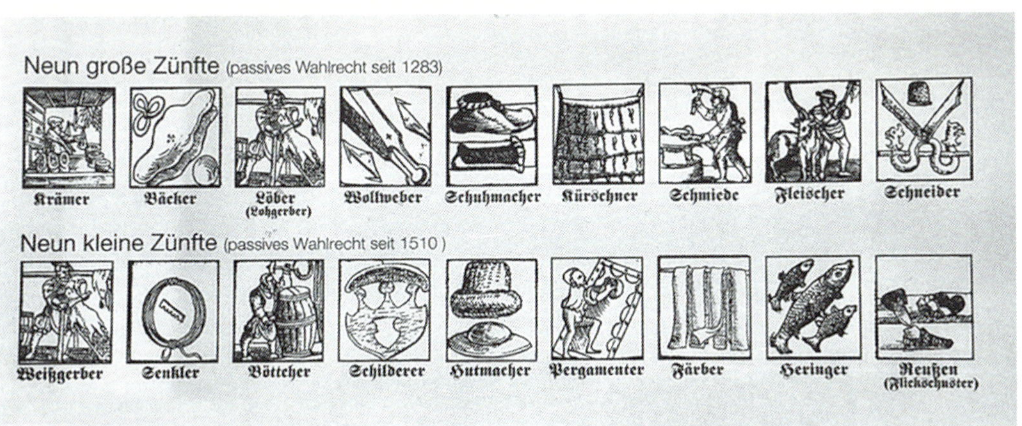

DAS GOLDENE HANDWERK

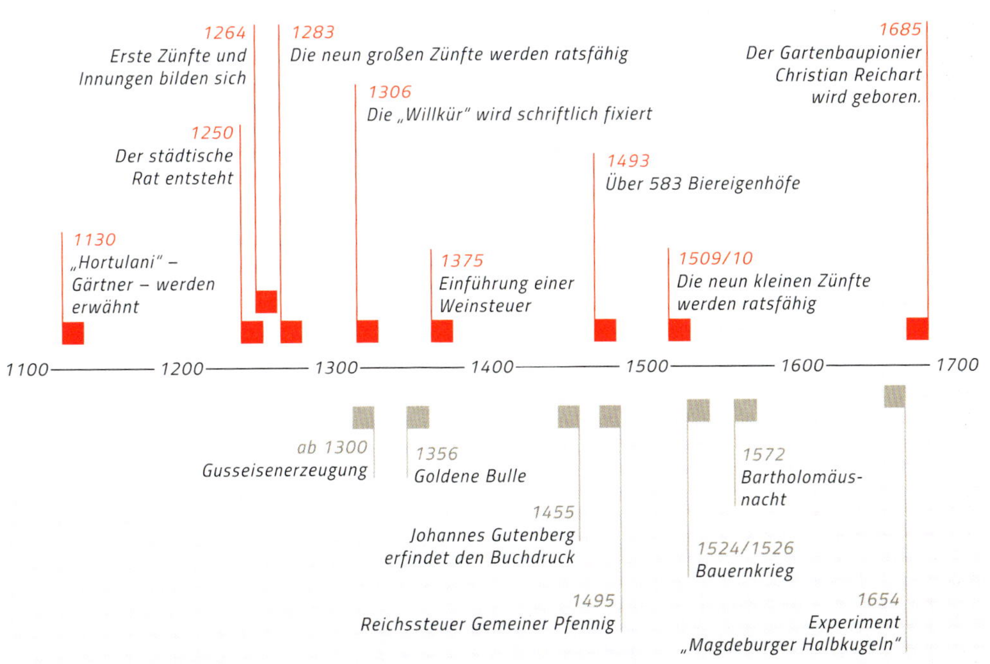

DAS LIEBE BIER

Die Bierproduktion versprach Gewinne. Das Braurecht lag seinerzeit auf dem Grundstück bzw. Gebäude und nicht etwa auf der Person, sodass mit dem Kauf des Hauses das Braurecht erworben wurde. Einen Biereigenhof durfte erwerben, wer mindestens 500 Gulden Jahreseinkommen nachweisen konnte. Bier war seinerzeit ein Grundnahrungsmittel und wurde sogar von Kindern getrunken. Es hatte einen geringeren Alkoholgehalt als heutiges Bier, diente als Sättigungsbeilage und war alles in allem sauberer als das Brunnenwasser. Eine Zahl aus dem Jahr 1510 dokumentiert den jährlichen Pro-Kopf-Verbrauch der Erfurter: 3 ½ Eimer Bier. Das klingt erst einmal nicht viel. Doch Eimer ist nicht gleich Eimer. Damals war es ein Hohlmaß für Flüssigkeiten und entsprach 73,44 Litern. Also doch eine ganze Menge – rund 257 Liter. Heute liegt der Pro-Kopf-Verbrauch in ganz Thüringen bei etwa 135 Liter. Inzwischen ist Leitungswasser ja auch unbedenklich.

DIE BIEREIGEN

Äußeres Merkmal der Biereigenhöfe, für Erfurt sind über die Zeit 583 nachgewiesen, sind runde Öffnungen an der Fassade, in die Strohbündel gesteckt wurden als Zeichen, dass frisches Bier gebraut und zum Verkauf bereit war. Neben den Biereigen durften auch die Professoren der Alten Universität Bier brauen. Prinzipiell aber war das Brauen reglementiert. Damit nicht jeder nach Belieben den Gerstensaft herstellte, legte die „Bierwette" fest, wer wann brauen durfte. Sowohl die Waidjunker als auch die Biereigen waren wohlhabende Leute, die ihren Reichtum gern zur Schau stellten. Die prachtvollen Renaissancegebäude rund um den Fischmarkt und in anderen Straßen der Altstadt belegen dies. So wie das Haus zum schwarzen Löwen, einst Biereigenhof und schwedische Kommandantur im Dreißigjährigen Krieg.

VOM ERFURTER WEIN KANN NIEMAND LUSTIG WERDEN

Ein weiteres Handelsgut von Bedeutung war neben Saflor, einer Färberpflanze, der Wein. Er fand Spötter, wie zum Beispiel Matthias Claudius, den Dichter des bekannten Volksliedes „Der Mond ist aufgegangen“. Er sagte vom Erfurter Wein, dass man von ihm „nicht lustig“ werden könne. Gustav Freytag, ebenfalls Dichter, soll über den Erfurter Wein gesagt haben, dass er so sauer sei, dass er „die eisernen Schneppen der Weinkannen abfrisst“. Es gab aber auch Menschen, die dem Erfurter Wein zugetan waren, wie Christian Reichardt (1685-1775), der Begründer des Erfurter Gartenbaus, der ihn gern mit Moselwein verglich. Martin Luther soll sich gar nicht über die Qualität des Erfurter Weines geäußert haben, er hat ihn wohl einfach getrunken.

Der Weinbau in Erfurt ist seit spätestens 1375 belegt, denn in diesem Jahr wurde eine Weinsteuer eingeführt. Auf „Halbbergen“ wurden im Stadtgebiet Reben angebaut. „Halbberg“ bedeutet, dass die Hälfte des Ertrages der gepachteten Anbaufläche beim Weinbauern verblieb. Die Anbaufläche im Jahr 1620 betrug nach heutigen Maßen immerhin knapp 1400 Hektar. Vor allem der Stadtrat, reiche Bürger und der Klerus hatten Weinanbauflächen in ihrem Besitz. Die Anbaugebiete waren in Tiefthal (dieser Wein wurde vor allem an den Ratskeller geliefert), am Roten Berg, am Petersberg, am Ringelberg, am Stollberg und im Steiger.

1624 konnten über 881 Hektoliter Wein abgefüllt werden. Die letzte Weinlese war in Erfurt 1953 am Roten Berg. Heute gibt es nur noch einen Weinberg am Südhang des Petersberges. 1992 begann Erfurts Partnerweingut Bechtheim am Petersberg wieder Reben zu kultivieren.

ERFURTER BRUNNENKRESSE

Ein ganz spezielles Handelsgut in Erfurt war die Brunnenkresse, ein leicht scharfes Gemüse, dessen Geschmack am ehesten mit Gartenkresse vergleichbar ist. Kultiviert wurde die Pflanze, die frisches, leicht fließendes Wasser benötigt, von dem Gartenbaupionier Christian Reichardt.

PUFFBOHNE – SYNONYM FÜR DIE ERFURTER

Natürlich darf das Gemüse nicht fehlen, dem wir Erfurter unseren Spitznamen verdanken – die Puffbohne. Puffbohnen, also Saubohnen oder dicke Bohnen, bauten fast alle Erfurter im Gärtchen hinter ihrem Haus an. Wer also berichtet, er sei bei den Puffbohnen gewesen, der hat Erfurt besucht. Die großen Bohnen wuchsen im Erfurter Gebiet besonders gut und waren und sind wegen ihres hohen Protein- und Stärkegehaltes ein guter Nährstofflieferant. Überhaupt haben unsere Vorfahren mehr Gemüse und Brot gegessen als Fleisch und Fisch. Heute ist die Puffbohne unser Stadtmaskottchen.

DER GARTENBAU

Mit der Einfuhr des indischen Indigo im Laufe des 16. Jahrhunderts und durch die Auswirkungen des Dreißigjährigen Kriegs verlor der einst florierende Handel mit der Färberpflanze Waid an Bedeutung. Waren 1618 79 Waidhändler in Erfurt aktiv, gingen 1648 nur noch 19 ihren Geschäften nach. Ein neues Geschäftsfeld musste her. Christian Reichardt (1685–1775) war Ideengeber für den Gartenbau in Erfurt und 1756 gründete Jakob Platz als einer der Ersten eine Erwerbsgärtnerei. In kurzer Zeit folgten weitere Gartenbauunternehmen wie 1828 das von Johann Christoph Schmidt. Ursprünglich war seine Gärtnerei nur ein „Nebenerwerb", Schmidt betrieb eine Wachsfabrik. Mit dem neuen Betrieb aber hatte er viel größeren wirtschaftlichen Erfolg. Ernst Benary gründete 1843 eine Gärtnerei, seine Söhne Friedrich und John führten die Firma weiter. Der aus Dänemark stammende Niels Lund Chrestensen eröffnete 1867 seine Kunst- und Handelsgärtnerei, die bis heute in Familienbesitz ist und in alle Welt exportiert.

EIN RAT – EINE VERWALTUNG

Bis in die zweite Hälfte des 11. Jahrhunderts waren die Kurfürsten und Erzbischöfe von Mainz Stadt- und Grundherren. Sie bestimmten, was in Erfurt geschah. Um 1140 begannen einflussreiche Kaufleute sich einzumischen. Zwischen 1250 und 1255 bildete sich ein Stadtrat mit zwei Ratsmeistern und zwölf weiteren Mitgliedern. Spätestens 1260 wurde eine „curia consulum", ein Hof der Ratsleute, im östlichen Teil des heutigen Fischmarkts errichtet. Später nannte man es Rathaus (pretorium). Um 1323 verleibte sich der Stadtrat ein weiteres Gebäude in der Nachbarschaft ein, das sogenannte Kaufhaus. Immerhin hatte dieses einen großen Versammlungssaal. Nur wenige Jahre später erfolgte der Bau eines viereckigen, dreigeschossigen Rathausturms. Der Stadtkämmerer und seine Angestellten fanden ihre „Büroräume" in einem Neubau zwischen dem Turm und dem ehemaligen Kaufhaus.

Im Jahr 1282 drängten vor allem Handwerker und die „Stadtarmut" auf eine Umbildung des Rates, was nach einem Aufstand unter Volrad von Gotha zum Erfolg führte. Die politische Alleinherrschaft der Kaufleute wurde eingeschränkt und im neu gebildeten Rat, nun mit 24 Mitgliedern, hatten die Handwerker zehn Sitze. Zudem wurde ein „Transitus" – heute am besten mit „Personalkarussell" vergleichbar – eingeführt, um zu vermeiden, dass sich Abhängigkeiten und Seilschaften bildeten. Kurze Zeit später, um 1285, wurden die Schutzschilde der städtischen Bürgerwehr mit dem noch heute gebräuchlichen Stadtwappen, dem silbernen, sechsspeichigen Rad auf rotem Grund, verziert.

Anfang des 14. Jahrhunderts wurde der Rat nochmals neu geordnet. Die Forderung: Es sollten vier Männer des Vertrauens benannt werden, die – mit besonderen Rechten ausgestattet – als Kontrollinstanz des Rates fungieren. Diese „Vierherren" wurden von den Stadtgemeinden gewählt. Damit bestand der Rat nun aus den vier Vierherren, vier Ratsmeistern und zwanzig „Ratskumpanen" (sic!). Die mächtigen Kaufleute, die Gefrunden, hatten nur noch vier Sitze. Außerdem gab es einen Senat, der aus den Vierherren und den vier Ratsmeistern bestand.

Von dem Stadtherrn wollten sich die Erfurter nichts mehr sagen lassen und so fixierte die Bürgerschaft Erfurts 1306 das Gewohnheitsrecht und regelte mit dieser „Willkür" besonders das Privatrecht. Treue und Gehorsam gegenüber dem Rat war höchste Bürgerpflicht. Administrativ war die Stadt Ende des 12. Jahrhunderts in 28 Gemeinden gegliedert, die innerhalb der Stadtmauern lagen. Ein Oberpfarrhauptmann stand dem Ältestenkollegium vor.

Die Hauptaufgaben der Gemeinden waren die Instandhaltung der Brunnen und Feuerlöscheinrichtungen, die Durchführung der Nachtwachen und die Vermögensbewahrung.

Ende des 13. Jahrhunderts kam eine weitere „Verwaltungseinheit" hinzu: die Stadtviertel (St. Andreas, Johannes, Viti, Martini), deren Aufgaben dieselben waren wie die der Gemeinden, zusätzlich waren sie jedoch für die Armenfürsorge und die Stadtverteidigung verantwortlich. 1493 wurden einige Gemeinden zusammengelegt, sodass die Stadt nun 25 Gemeinden hatte. Im Wesentlichen waren die Pfarrgemeinden und die Stadtgemeinden in ihren Grenzen identisch. Ab 1664 ging die Bedeutung der Stadtviertel zurück und die der Gemeinden nahm zu.

Bis zum Beginn des 19. Jahrhunderts waren die Häuser mit oft wohlklingenden Namen versehen und konnten so innerhalb der Pfarrei oder Gemeinde identifiziert werden. Ab 1806 hatte Napoleon in Erfurt das Sagen. Seine Verwaltungsfachkräfte teilten die Stadt in zwei Arrondissements mit je sechs Sektionen ein. Zudem begann man, die Häuser in Erfurt straßenweise zu nummerieren.

Skurril war ab 1826 die durchgehende Nummerierung der Häuser von Süd nach Nord. Am Zufluss der Gera am Papierwehr stand Nummer eins und im Norden, wo die Gera das Stadtgebiet verlässt, stand Nummer 3050. 1875 kehrte man zur straßenweisen Nummerierung zurück.

EINE STADT – VIELE HERREN

Erfurt hat ganz schön was durchgemacht und viele einflussreiche Leute hatten und haben das Sagen. Mal handelt es sich um die weltliche, mal um die geistliche Macht. Erfurt war kurmainzische Stadt, Domaine des Kaisers Napoleon, preußische Stadt, Landeshauptstadt des Landes Thüringen, Hauptstadt des Bezirkes Erfurt und nach der Wende wieder Hauptstadt des Landes Thüringen.

EINER HAT DAS SAGEN

Sicher gab es auch vor der ersten namentlichen Erwähnung Erfurts jemanden, der das Sagen hatte und Entscheidungen zum Wohle und Wehe der Menschen traf. Seinen Namen kennen wir nicht. Erst mit Bonifatius und der Einsetzung Adolars als Bischof lassen sich Zuständigkeiten und Verwaltungsstrukturen erkennen, auf denen unsere moderne Gesellschaft fußt. Eine Trennung zwischen kirchlicher und weltlicher Macht, wie sie für uns selbstverständlich ist, gab es damals nicht.

ERFURT ALS KIRCHLICHES ZENTRUM

Das Bistum Erfurt erstreckte sich vom Thüringer Wald im Süden und dem Eichsfeld im Westen bis an Saale und Unstrut im Osten und an den Harz im Norden. Vermutlich 747 ging das Bistum Erfurt im Mainzer Bistumssprengel auf. Im Jahr 782 ist das Bistum Mainz endgültig Erzbistum. Dennoch blieb Erfurt ein kirchliches Zentrum in Thüringen. Die geistliche Macht übten der Erzbischof von Mainz und die in seinem Auftrag handelnden Weihbischöfe aus.

MAINZ – ERFURT – MAINZ

Seit 1988 verbindet Mainz und Erfurt eine offizielle Städtepartnerschaft, die Wurzeln der Beziehungen zwischen Erfurt und Mainz liegen jedoch tief in der Vergangenheit. So war um das Jahr 1000 der Erzbischof von Mainz Herr über Erfurt. Die Stadtwappen der beiden Städte weisen Ähnlichkeiten auf: Während Mainz zwei miteinander verbundene sechsspeichige Räder auf rotem Grund im Wappen führt, ist es im Erfurter Wappen nur eines.
Das Wappen geht auf eine volkstümliche Geschichte zurück. Es heißt, dass Erzbischof Willigis (975–1011) als Sohn eines Wagenbauers von niederem Stande mit Stolz ein Wagenrad in seinem Wappen führte und damit demonstrierte, das man nicht mit einem goldenen Löffel im Mund geboren werden muss, um es zu etwas zu bringen. In Erfurt ist das Wappen um 1285 erstmals nachweisbar. Es schmückte die Schutzschilde der städtischen Bürgertruppen.

WECHSELHAFT

Erfurt bekanntester Mainzer Weihbischhof der Frühen Neuzeit dürfte Johann Bonemilch sein, der aus Laasphe stammte und 1507 Martin Luther zum Priester weihte. Außerdem stiftete er 1510 die Dreifaltigkeitskapelle in der Michaeliskirche. Nach dem Wiener Kongress 1815 wurden Teile Thüringens dem Bistum Paderborn zugeordnet. Ende der 1920er-Jahre kamen Teile Thüringens an die Bistümer Fulda und Würzburg. 1994 wurde das Bischöfliche Amt Erfurt-Meiningen zum Bistum Erfurt erhoben. Papst Johannes Paul II. ernannte am 8. Juli 1994 Dr. Joachim Wanke zum Bischof von Erfurt.

DIE MACHT IN EINER HAND

Ende des 12. Jahrhunderts entschieden sieben Kurfürsten über die Wahl des Kaisers des Heiligen Römischen Reichs Deutscher Nation. Einer dieser sieben war der Stadtherr von Erfurt, Kurfürst von Mainz, der gleichzeitig Erzbischof von Mainz war. So lagen also geistliche und weltliche Macht in einer Hand. Obwohl der Erfurter Rat sich zunehmend vom Mainzer Stadtherrn emanzipierte, ganz unabhängig oder gar reichsunmittelbar war Erfurt nie. 1663 sprach der Kurfürst (und Erzbischof) von Mainz ein Machtwort, erwirkte die Reichsacht über Erfurt und belagerte mit seinen Truppen die Stadt so lange, bis der Rat die Schlüssel der Stadttore dem Mainzer Kurfürsten übergab und sich als „treue Tochter des Mainzer Stuhls" gefügig zeigte.

KÖNIGE UND KAISER

1802 übernahm der König von Preußen das Ruder, gefolgt von Kaiser Napoleon (von 1806 bis 1814), dann übernahm wieder der preußische Staat die Stadtführung. Schließlich kam nach dem Ende des Zweiten Weltkriegs die Sowjetische Militäradministration an die Macht, die sie den Kommunisten übergaben, bis nach der Wende die Demokratie Einzug hielt.

EINE STADT – VIELE HERREN

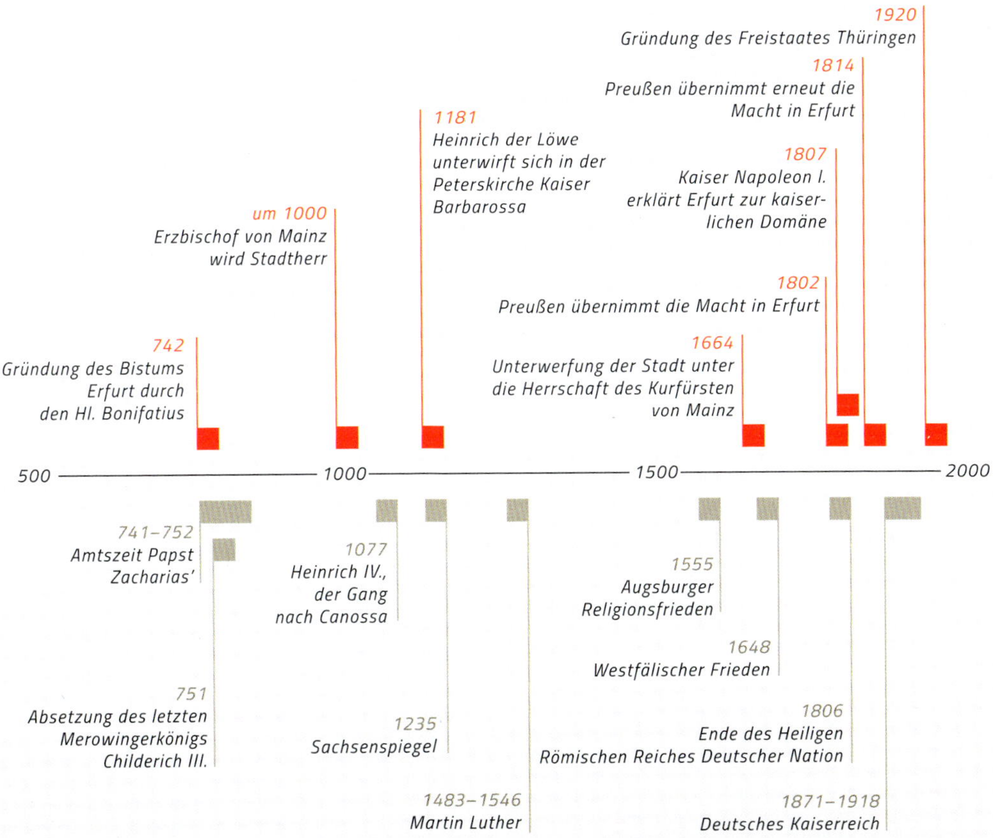

742
Gründung des Bistums Erfurt durch den Hl. Bonifatius

um 1000
Erzbischof von Mainz wird Stadtherr

1181
Heinrich der Löwe unterwirft sich in der Peterskirche Kaiser Barbarossa

1664
Unterwerfung der Stadt unter die Herrschaft des Kurfürsten von Mainz

1802
Preußen übernimmt die Macht in Erfurt

1807
Kaiser Napoleon I. erklärt Erfurt zur kaiserlichen Domäne

1814
Preußen übernimmt erneut die Macht in Erfurt

1920
Gründung des Freistaates Thüringen

500 – 1000 – 1500 – 2000

741–752
Amtszeit Papst Zacharias'

751
Absetzung des letzten Merowingerkönigs Childerich III.

1077
Heinrich IV., der Gang nach Canossa

1235
Sachsenspiegel

1483–1546
Martin Luther

1555
Augsburger Religionsfrieden

1648
Westfälischer Frieden

1806
Ende des Heiligen Römischen Reiches Deutscher Nation

1871–1918
Deutsches Kaiserreich

EINE STADT – VIELE KIRCHEN

Erfurt hat eine erstaunliche Anzahl an Kirchen. Im Mittelalter waren es mindestens 24 Pfarrkirchen und Erfurt wurde als „thüringisches Rom“ bezeichnet. Heute sind allein innerhalb der Altstadt noch acht katholische und sieben evangelische Kirchen zu finden. Das einzigartige Ensemble von Dom und Severikirche auf dem Domhügel ist als Wahrzeichen Erfurts über die Grenzen des Landes hinaus bekannt.

EINE STADT – VIELE KIRCHEN

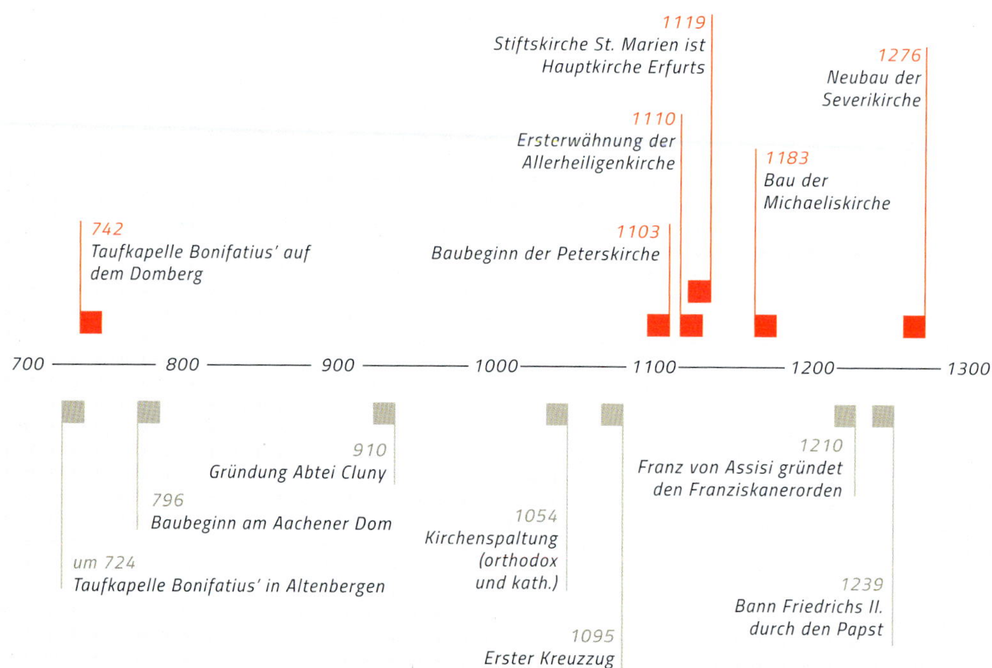

HOHE DOMKIRCHE ST. MARIEN

Die Hohe Domkirche St. Marien ist nicht nur Bischofskirche, sondern gilt auch als Ursprung des religiösen Lebens in der Stadt. Im Lauf der Zeit wurde der Dom, wie ihn die Erfurter liebevoll nennen, mehrfach erweitert und umgebaut. Bereits 1119 war die damalige Stiftskirche St. Marien die Hauptkirche Erfurts und hatte alleiniges Pfarrrecht. Seit 1994, dem Jahr der Erhebung des Bischöflichen Amtes Erfurt-Meiningen zum Bistum Erfurt, ist der Dom wieder Bischofskirche.

DIE RUHMREICHE

An erster Stelle der Kunstschätze in Erfurt steht unzweifelhaft die Gloriosa, die große Glocke im Turm des Domes. Sie ist die schwerste und größte freischwingende mittelalterliche Glocke der Welt und ruft die Gläubigen seit 1497 zu Gebet und innerer Einkehr. Gegossen hat sie der holländische Glockengießer Gerhard van Wou aus Kampen. Die Gloriosa wiegt 11,45 Tonnen. Anfang dieses Jahrtausends wurde sie repariert und dafür musste die gewaltige Glocke sogar ihre Stube verlassen. Viele Tausend Erfurter erlebten am 9. September 2004 bei strahlendem Sonnenschein die Rückkehr ihrer Gloriosa.

EINZIGARTIGE GEMÄLDE

In der Kunstwelt einzigartig sind die Gemälde an den Pfeilern im Langhaus des Domes. Die insgesamt acht Bilder entstanden zwischen 1506 und 1540 und zeigen verschiedene religiöse Szenen. Ein monumentales Wandgemälde an der Südseite des Langhauses präsentiert Christophorus. Dechant Markus Deckert hatte dieses Wandgemälde 1499 in Auftrag gegeben. Damals glaubten die Menschen, wenn sie einmal am Tag einen Blick auf den Heiligen Christophorus richten, blieben sie vor einem plötzlichen also unbußfertigen Tode bewahrt.

PFARRKIRCHE ST. SEVERI

Einst stand auf dem heutigen Domberg ein Benediktinerinnenkloster. Im Jahr 836 erhielten die Nonnen auf Veranlassung des Mainzer Erzbischofs Otgar die Reliquien des Hl. Severus. Sie ließen daraufhin eine Kirche errichten und bewahrten die Reliquien in einem Sarkophag auf. Später wurden auch Severus' Ehefrau Vincentia und seine Tochter Innocentia in dem Sarkophag bestattet. 1080 wurden die Klosteranlagen zerstört, jedoch wenige Jahre später wieder aufgebaut. Durch Ablässe verschiedener Bischöfe finanziert, begann man ab 1276 mit dem Neubau der Severikirche. Zu Beginn des 14. Jahrhunderts konnte im fertig gestellten Teil der Kirche die erste Messe gelesen werden. Der Weihbischof des Erzbistums Mainz, Berthold von Henneberg, weihte am 25. August 1308 den Hochaltar in der Severikirche. Von diesem ist leider nichts erhalten. Der heutige Hochaltar stammt aus den 70er-Jahren des 17. Jahrhunderts und gilt als einer der frühesten Barockaltäre Mitteldeutschlands. Heute ist die Severikirche eine Pfarrkirche.

DIE KIRCHE IM GARTEN

Der Erfurter Bürger Walter Kerlinger ließ ab 1183 auf seinem eigenem Grundstück eine Kirche errichten und sorgte für deren Ausstattung. Nach Fertigstellung übertrug er den Kirchenbau mit allen Rechten an den Erzbischof Konrad I. von Mainz. Dieser erhob sie zur Pfarrkirche und erlaubte der Gemeinde, ihren Pfarrer frei zu wählen. Zwischen 1275 und 1300 wurde der romanische Vorgängerbau zu einer gotischen Saalkirche umgebaut. Ab 1392 war die Michaeliskirche auch Universitätskirche. 1424/25 erfolgte eine Erweiterung nach Norden, die wohl dem Platzbedarf der Universität geschuldet war.

LUTHERS KIRCHE

Um das Jahr 1500 stiftete der Mainzer Weihbischof Johannes Bonemilch die Dreifaltigkeitskapelle neben dem Turm der Michaeliskirche. Martin Luther, der seit 1501 an der Universität studierte und später in das Augustinerkloster eintrat, wurde von Bonemilch zum Priester geweiht. Vielleicht war es die Nähe Martin Luthers zur Michaeliskirche, er hatte dort als Student die Gottesdienste besucht, die diese zu einem Zentrum der Reformation in Erfurt machte. Hier fand die erste evangelische Predigt in Erfurt statt (1520) und 1523 feierten die Gläubigen erstmals das Abendmahl in beiderlei Gestalt. Im selben Jahr wurde in der Michaeliskirche die erste Trauung eines Priesters vollzogen.

HOF DER MICHAELISKIRCHE

Bemerkenswert ist neben der Ausstattung dieser Kirche nicht zuletzt der Kirchhof. Friedhöfe sind interessante Orte und in den vergangenen Jahren konnten zahlreiche Grabsteine und Epitaphien restauriert und in würdiger Form aufgestellt werden. Sie geben heute einen Überblick über die damalige Gemeinde der Michaeliskirche, viele bekannte und prägende Persönlichkeiten wurden hier bestattet. Herausragend ist wohl die Grabplatte von Johannes Lang. Als Pfarrer der Michaeliskirche fand er in der Nähe des Altars seine letzte Ruhestätte.

Bei Sanierungsarbeiten im 19. Jahrhundert drehte man die im Fußboden des Kirchenraumes eingelassenen Grabplatten einfach um und nutzte sie als „Pflaster". Zwar wurden die aufgefundenen Grabplatten inventarisiert, aber sie fielen dem Vergessen anheim. Erst in den 1980er- und 1990er-Jahren wurden die Grabplatten aus dem Boden des Kirchenraumes herausgelöst und provisorisch im Kirchhof aufgestellt.

Der Kirchhof wird in den Sommermonaten auch als Veranstaltungsort für Konzerte genutzt und in der Michaeliskirche finden regelmäßig Orgelkonzerte statt.

ERFURTS ÄLTESTE GLOCKE

Im Turm der Michaeliskirche versieht die älteste Glocke Erfurts bis heute fast täglich ihren Dienst: „Katharina“ wurde am Palmsonntag 1380 von einem unbekannten Meister gegossen. Eine Glocke von Benjamin Sorge, für die er Glocken der Georgen- und der Servatiuskirche einschmolz, ist seit 1849 die zweite Glocke im Geläut der Michaeliskirche. Auch sie ist heute häufig zu hören. Eine kleine „Taufglocke“ von Johann Abentbrot, einem Erfurter Glockengießer, läutet ihrer Bestimmung nach seit 1503.

FRÜHE PROFANISIERUNG UND COMEBACK

Die dem heiligen Ägidius geweihte Kirche wurde erstmals 1110 erwähnt und 1325 als Steinbau ausgeführt. Bis in das 16. Jahrhundert diente sie einer kleinen Gemeinde als Pfarrkirche. Nach der Reformation fanden zunächst evangelische Gottesdienste statt, doch 1525 erstarb das gottesdienstliche Leben in der Ägidienkirche. Die Kirche diente nun profanen Zwecken, verfiel und drohte einzustürzen. Schließlich erwarb 1657 ein Kaufmann die einstige Kirche und machte sie zu einem Lagerhaus. Im 18. Jahrhundert fanden Handwerksburschen auf Wanderschaft in dem ehemaligen Gotteshaus Asyl und in der ersten Hälfte des 19. Jahrhunderts baute man die Kirche zu einem Wohnhaus um.

Erfurts Adressbuch von 1950, das letzte, das zu DDR-Zeiten veröffentlicht wurde, nannte für die nach wie vor der Kaufmannsgemeinde gehörende ehemalige Kirche als Bewohner den Koch Heinrich Matthes, den Buchbindermeister Paul Goeritz sowie den Buchprüfer Otto Schwarzlose. Erst Ende der 1950er-Jahre wurde die Ägidienkirche wieder für sakrale Zwecke hergerichtet und der evangelisch-methodistischen Kirche zugedacht.

ALLERHEILIGENKIRCHE

Die seit den 1930er-Jahren zur Domgemeinde gehörende Kirche war ursprünglich eine Kloster- und Hospitalkirche, die im Jahr 1117 von den Augustinerchorherren gestiftet wurde. Ob die Allerheiligenkirche bereits bei der im Jahr 1182 erfolgten Neuorganisation der Pfarreien als Pfarrkirche diente, ist nicht sicher. Ab Mitte des 13. Jahrhunderts hatte sie jedoch ihre Eigenschaften als Kloster- und Hospitalkirche verloren. Der heutige Grundriss, der dem Straßenverlauf angepasst ist, entstand wahrscheinlich bei einem Umbau im 14. Jahrhundert. Seit 2008 ist die Allerheiligenkirche ein Kolumbarium, eine Bestattungsstätte, in der die Urnen Verstorbener aufbewahrt werden. Wegen der großen Nachfrage wurde wenige Jahre später auch die einstige Magdalenenkapelle in der „Kleinen Arche“ zum Kolumbarium umgewidmet.

IN SCHWINDELERREGENDER HÖHE

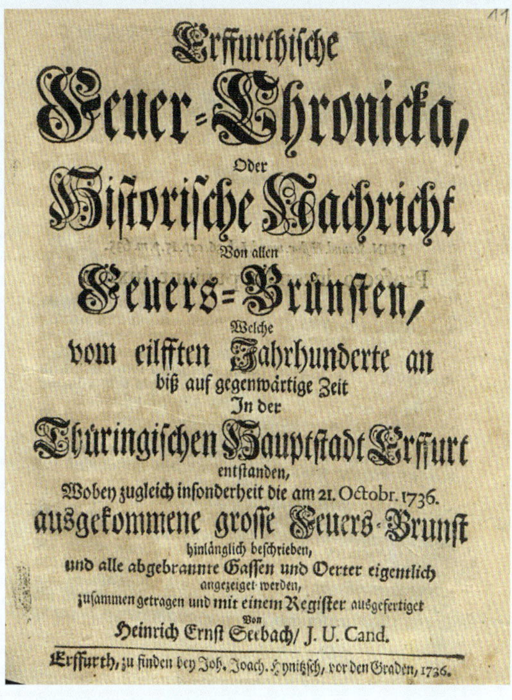

Erffurthische
Feuer-Chronicka,
Oder
Historische Nachricht
Von allen
Feuers-Brünsten,
Welche
vom eilfften Jahrhunderte an
biß auf gegenwärtige Zeit
In der
Thüringischen Hauptstadt Erffurt
entstanden,
Wobey zugleich insonderheit die am 21. Octobr. 1736.
ausgekommene grosse Feuers-Brunst
hinlänglich beschrieben,
und alle abgebrannte Gassen und Oerter eigentlich
angezeiget werden,
zusammen getragen und mit einem Register ausgefertiget
Von
Heinrich Ernst Seebach/ J. U. Cand.
Erffurth, zu finden bey Joh. Joach. Hynitzsch, vor den Graden, 1736.

Im mittelalterlichen Erfurt und bis in die Neuzeit war die Brandgefahr sehr groß. Die dichte Bebauung, die Verwendung brennbaren Materials zur Dacheindeckung und die recht beschwerliche Brandbekämpfung mit Eimern ließ selbst kleine Feuer rasch auf weite Teile der Stadt übergreifen.

Heinrich Ernst Seebach, ein Erfurter Jurist, hatte sich anlässlich des Brandes von 1736 die Mühe gemacht, aus allen alten Chroniken die Überlieferung der Brände in Erfurt herauszusuchen und in einer „Erffurthischen Feuer-Chronicka" zu veröffentlichen. Der verheerendste Stadtbrand war jener im Jahr 1472. Ein entflohener Mönch aus dem Kloster Berka hatte mit einigen Kumpanen die Stadt an verschiedenen Stellen in Brand gesteckt, sodass am Ende über ein Drittel der Stadt den Flammen zum Opfer fiel.

Der Turm der Allerheiligenkirche gehörte neben jenem der Wigbertkirche und dem Nicolaiturm zu den drei Kirchtürmen in Erfurt, die von Türmern bewohnt waren. Wann genau den Türmern die Brandbeobachtung und Brandmeldung übertragen wurde, kann nicht mit Sicherheit gesagt werden. Dass aber des Türmers erste und vornehmste Aufgabe die Beobachtung der Stadt und die Meldung eventueller Brände war, ist sicher. Um dem gerecht zu werden, verfügte der Türmer über eine rote und eine weiße Feuerfahne und für die Nacht entsprechend über eine rote und eine weiße Feuerlaterne: Doch damit nicht genug. Es gab auch Feuerglocken mit Ziehstrang.

Als 1884 die Telefonie in Erfurt Einzug hielt, wurden die Türmer bald mit einem entsprechenden Apparat ausgerüstet. Zum weiteren Inventar, zumindest in der Allerheiligenkirche, gehörten eine hölzerne Pritsche, eine Leiter, zwei Öfen (ein Koch- und ein Kanonenofen), zwei Schlüssel zum Turm und zwei Kübel (einer im Turm, einer zum Wechseln). Dass die Arbeit des Türmers durchaus keine leichte war, belegt ein ärztliches Gutachten des Kreis-Physikus Dr. Heydloff, in dem es über den damals 63-jährigen Türmer der Allerheiligenkirche Karl Schmidt unter anderem heißt: „daß er dem anstrengungsvollen Beruf eines Thürmers nicht mehr voll gewachsen ist, und seine Erkrankung [der Lunge, U.S.] durch die fortgesetzte Ersteigung der hohen Thurmtreppen rasch größer werden wird. Es dürfte ganz gerechtfertigt sein, den Mann jetzt in den Ruhestand zu versetzen." Der gute Mann wurde in den Ruhestand versetzt, eine von ihm beantragte jährliche Unterstützungszahlung durch die Stadt jedoch vom Stadtrat abgelehnt.

Ab 1898 verrichteten nur noch zwei Türmer ihren „anstrengungsvollen Beruf": Herr Pfautsch auf dem Nikolaiturm und ein gewisser Wernick auf dem Turm der Wigbertikirche. Die Brandbekämpfung oblag den Bürgern selbst. Eine Feuerwehr in heutigem Sinne gab es in Erfurt ab dem 19. Jahrhundert und eine Berufsfeuerwehr erst ab 1910.

WISSENSCHAFT, BILDUNG UND KUNST

Erfurt galt im Mittelalter als Schulstadt schlechthin. In der Universität, deren Lehrbetrieb 1392 begann, waren alle vier Fakultäten vertreten, die da waren Jura, Medizin, Philosophie und Theologie. In der juristischen Fakultät wurde nicht nur kirchliches Recht gelehrt, sondern auch weltliches (bürgerliches) Recht, was zu dieser Zeit eine Ausnahme war.

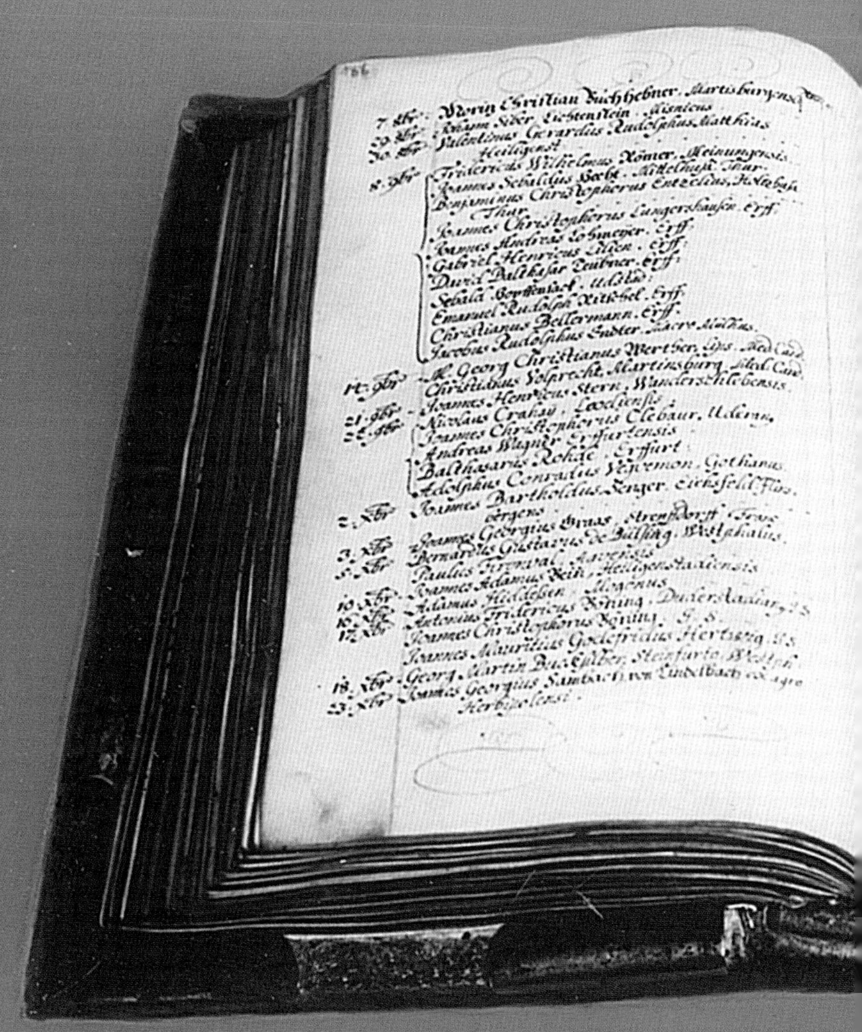

Wissenschaft, Bildung und Kunst

ERSTE SCHULEN

Im 11. und 12. Jahrhundert existierten am Marienstift, am Severistift, am Augustinerchorherrenstift und im Benediktinerkloster St. Peter und Paul (Petersberg) Schulen, die allerdings nicht öffentlich zugänglich waren. 1123 öffnette das Marienstift seine Schule „für alle“ – was allerdings nicht bedeutet, dass wirklich jeder, der wollte, diese Schule besuchen durfte. Das galt für viele Jungen und erst recht für Mädchen. Wenn überhaupt, hatten Mädchen im häuslichen Rahmen die Möglichkeit, sich Bildung und Wissen anzueignen, z. B. über Hauslehrer, so wie ihre Brüder. 1293 schlossen sich die Erfurter Schulen unter der Leitung eines „rector superior“ zum „studium generale erfordense“ zusammen.

WISSENSCHAFT, BILDUNG UND KUNST

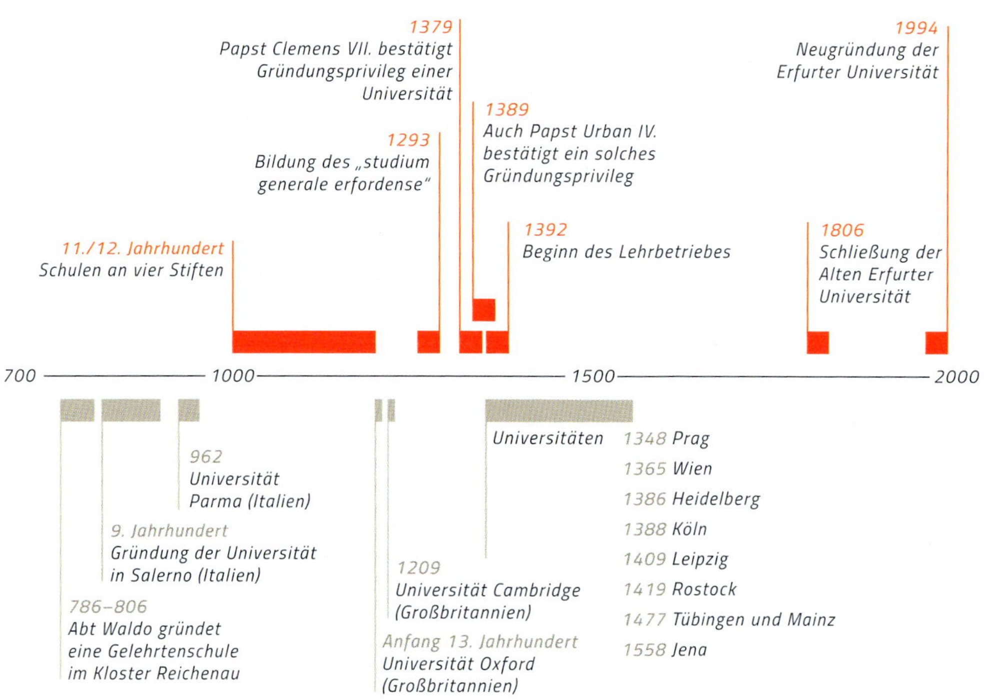

EINE UNIVERSITÄT

Der Stadtrat beschloss Ende des 14. Jahrhunderts, in Erfurt eine Universität zu gründen. Um dieses Privileg zu erlangen, brauchten sie das placet des Papstes. Die Kirche war in dieser Zeit gespalten und es gab zwei geistliche Oberhäupter, einen Papst und einen Gegenpapst. Schließlich begann 1392 der Studienbetrieb. Die Erfurter Universität war nach Köln (1388) die zweite bürgerliche Gründung im Heiligen Römischen Reich Deutscher Nationen.

„HIER IST ZAPF!"

Zwei Anekdoten gefällig? Eobanus Hessus, Professor für Philosophie, wurde vom Rektor ermahnt, zukünftig nüchtern zum Unterricht zu erscheinen, sonst streiche man ihm das Gehalt. Der Humanist und mutmaßliche Mitverfasser der „Erfurter Dunkelmännerbriefe" war dem Alkohol mehr als zugetan, was sicher seine Leistungsfähigkeit einschränkte.

Ein Professor, dessen Name leider nicht überliefert ist, hatte im Keller seines Hauses ein Fass guten Weines. Um die Studenten vom Genuss abzuhalten, schrieb er mit Kreide an die Vorderseite des Fasses: „Hier ist nicht zapf!" Die Studenten aber schlugen einen Hahn in die Rückseite des Fasses und schrieben daneben: „Hier ist zapf!" Der hohe Besuch, den der Professor einige Zeit später bewirten wollte, ging leer aus. Das Fass war ausgetrunken.

LUSTIG IST DAS STUDENTENLEBEN?

Das Studentenleben an der Alten Erfurter Universität hat mit dem heutigen nicht viel gemein. Aus einer 1433 verfassten Hausordnung geht hervor, dass die Studenten im Sommersemester morgens um fünf Uhr zum Morgengebet geweckt wurden. Anschließend fanden Lehrveranstaltungen statt und gegen 10 Uhr nahmen die Studenten die erste Hauptmahlzeit ein. Danach hörten sie weitere Vorlesungen, saßen in Seminaren und diskutierten mit ihrem Professor.

Nach der zweiten Hauptmahlzeit um vier Uhr nachmittags folgten weitere Lehrveranstaltungen, bis für die Studenten um neun Uhr abends die Nachtruhe begann. Übrigens Sommer- und Winterzeit, wie wir sie kennen, gab's damals schon. Während der Wintermonate begann der Studententag morgens um sechs Uhr und endete um acht Uhr abends. Wer seinen Bakkalaureus, den ersten akademischen Grad erworben hatte, durfte und musste sein erworbenes Wissen in der Praxis anwenden, oft als Hauslehrer oder Schreiber in Amtsstuben. Außerdem war der Bakkalaureus Voraussetzung, um weiterstudieren zu dürfen und eine Magisterprüfung abzulegen.

STUDENTEN-WG

Die Studenten lebten gemäß ihrer Fakultätszugehörigkeit in einem Haus. Also waren alle Jurastudenten in einer Burse bzw. einem Collegium und alle Theologiestudenten in einem anderen Haus untergebracht. Das Zusammenleben in den Bursen, den „Studentenwohnheimen" der damaligen Zeit, mutet fast klösterlich an. Trinkgelage können aber nicht ausgeschlossen werden.

STUDIUM ALS PRIVILEG

Studiengebühren gab es damals auch, sie beliefen sich auf zwölf Gulden, ab dem Ende des 15. Jahrhunderts auf 23 Gulden. War das nun viel oder wenig? Für 23 Gulden erhielt man in etwa 30 Pfund Speck oder Butter. Ein Tagelöhner bekam bei leichter Arbeit 12 Pfennige pro Tag. Die Studiengebühren waren also höher als der Jahreslohn eines Tagelöhners. Aber der Sohn eines Tagelöhners studierte in der Regel sowieso nicht. Mittellose Studenten wohnten und studierten in der Armenburse am Kreuzsand. Deren Studiengebühren, Unterkunfts- und Beköstigungskosten wurden von einer Stiftung des Breslauer Domherren Nikolaus von Gleiwitz getragen.

DAS VORLÄUFIGE ENDE

Als die Erfurter alma mater gegründet wurde, gehörte sie zu den modernsten und fortschrittlichsten Universitäten weit und breit. Das änderte sich gut 400 Jahre später. Die Universität hatte deutlich an Attraktivität verloren und die Anzahl der Professoren überwog die der Studenten. Der preußische Staat entschloss sich, die Uni zu schließen. Die Studenten wurden an andere Hochschulen delegiert, die Professoren ebenso oder sie wurden in den Ruhestand verabschiedet. Die Neugründung der Erfurter Universität erfolgte 1994 als rein geisteswissenschaftliche Hochschule.

ERFURTER BERÜHMTHEITEN

Auch wenn nicht alle hier Genannten in Erfurt geboren wurden, haben sie dennoch ihre Spuren in der Stadt hinterlassen.

ERFURTER BERÜHMTHEITEN

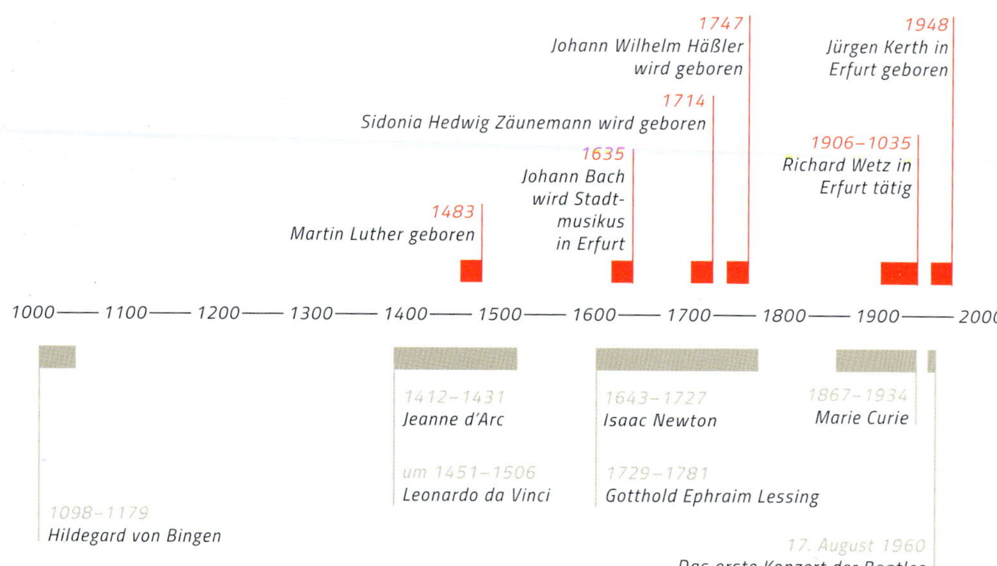

AMPLONIUS RATING DE BERKA

Hinter diesem beeindruckenden Namen steckt ein kluger Kopf, der Spuren hinterlassen hat, die bis in die Gegenwart reichen. Amplonius Rating de Berka (1363/65–1435) war nicht nur der zweite Rektor der Alten Erfurter Universität. Er gründete 1412 zur Versorgung und Förderung von Studenten das Collegium Porta Coeli (Collegium zur Himmelspforte). Seine umfangreiche Bibliothek, die Amploniana, katalogisierte er um 1410 und stiftete die überwiegend als Handschriften vorliegenden Abhandlungen über theologische und medizinische Themen der Universität. In den beachtlichen 633 Handschriftenbänden sind Schriften zu kanonischem und römischem Recht enthalten sowie das Trivium der Sieben Freien Künste. Heute ist die Bibliotheca Amploniana Bestandteil der Sondersammlung der Universitätsbibliothek Erfurt. Sie gilt als eine der bedeutendsten Handschriftensammlungen Deutschlands und zugleich als die größte geschlossen erhaltene Sammlung eines spätmittelalterlichen Gelehrten.

MARTIN LUTHER

Martin Luther (1483–1546) studierte ab 1501 an der Erfurter Universität zunächst die sieben freien Künste, eine Art „Grundstudium“. Nach den ersten drei Fächern, dem „Trivium“, erreichte er den akademischen Grad des Bakkalaureus (vergleichbar mit dem heutigen Bachelor). Luther war nicht gerade ein guter Student. Von den 57 jungen Männern, die mit ihm gemeinsam den „Bakkalaureus“ anstrebten, hatten 27 bessere Bewertungen als er. Erst im „Quadrivium“ startete der zukünftige Reformator richtig durch und bestand seinen „Magister artium“ mit Bestnoten. Nun durfte er als Lehrer unterrichten und in einer der anderen Fakultäten studieren.

Martin Luther entschied sich auf Geheiß seines Vaters, Rechtswissenschaften zu studieren. Allerdings behagte ihm dies nicht sonderlich und er gab das Jurastudium nach nur wenigen Wochen auf. Ihm stand der Sinn eher nach Theologie. Sein „Gewittererlebnis“ nahe Stotternheim bestärkte ihn darin, Mönch zu werden und Theologie zu studieren. Am 17. Juli 1505 begehrte Martin Luther Einlass ins Augustinerkloster. Noch während seiner Novizenzeit begann er Theologie zu studieren. Schließlich wurde er am 3. April 1507 in der Kilianskapelle im Dom zu Erfurt zum Priester geweiht.

DIE BACHS

Johann Sebastian Bach (1685–1750) war sehr oft in Erfurt, weil ihn die weit verzweigte Familie zu Feierlichkeiten einlud. Immerhin heirateten zwölf Familienmitglieder in der Kaufmannskirche am Anger und 61 Kinder der Familie wurden dort getauft. Die Erfurter Stadtmusik wurde über viele Jahrzehnte von der Familie Bach geprägt. Johann Bach eröffnete 1635 den Reigen der Bach'schen Stadtmusiker und Organisten, ab 1667 war Johann Christian Bach Direktor der Erfurter Stadtmusikanten, die Zwillinge Johann Ambrosius (der Vater von Johann Sebastian Bach) und Johann Christoph Bach waren von 1668 bis 1671 als Musiker in Erfurt tätig. Ihnen folgte ab 1674 Johann Ägidius sen., der ab 1682 auch Direktor der Stadtmusikanten war. Die Reihe lässt sich fortsetzen.

JOHANN PACHELBEL

Johann Pachelbel (1653–1706) lebte ab 1678 für 22 Jahre in Erfurt. Er hatte bis 1690 eine Stelle als Organist der Predigerkirche und hinterließ Spuren, die bis heute sichtbar und hörbar sind. Neben vielen anderen unterrichtete er den älteren Bruder Johann Sebastian Bachs, Johann Christoph Bach, im Orgelspiel. Pachelbels erste Frau und seine Tochter starben an der Pest. Mit seiner zweiten Frau, einer Kupferschmiedstochter, bekam er sieben Kinder. Die bekannteste dürfte Amalie Pachelbel (1688-1723) sein. Sie war künstlerisch sehr begabt und konnte von ihrer Tätigkeit als Malerin und Kupferstecherin leben. Zudem brachte sie Anfang des 18. Jahrhunderts u. a. das erste Näh- und Stickmusterbuch heraus.

DIE ZÄUNEMÄNNIN

Eine bekannte Dichterin der Barockzeit ist Sidonia Hedwig Zäunemann, die Zäunemännin (1714–1755). Sie war eine der wenigen Frauen, die von ihrer Kunst leben konnte. Sie verfasste Gelegenheitsdichtungen zu Hochzeiten, großen Jubiläen und Amtseinführungen, aber auch anderen Ereignissen in der Stadtgeschichte. Als im Jahr 1736 ein Feuer weite Teile der Innenstadt, von der Langen Brücke bis an die heutige Schlösserstraße, zerstörte, widmete sie diesem Ereignis ein dreißig Strophen umfassendes Gedicht, aus dem ich hier zitieren möchte: „Kommt, schaut die Aschen-Hauffen an, | die gleich den Ziegel-Oefen rauchen. | Man sieht, so weit man sehen kan | Die Gluth verdeckt und dampfend schmauchen. | O heißes Grabmaal einer Stadt, | die GOtt so scharf gezüchtget hat! | Hier überfällt mich Furcht und Grauen. | O soll ich dich mein Ger-Athen | In solchem Jammer-Stande sehn! | Und deine Bürger weinend schauen. [...]"

Neben Christiana Mariana von Ziegler (1695-1760), die 1733 von der Universität Wittenberg zur Poeta Laureata, eine kaiserlich privilegierte Auszeichnung, erhoben wurde, war die Zäunemännin die zweite Frau dieser Zeit, die mit diesem Titel geehrt wurde. Verliehen wurde er ihr 1738 von der Universität Göttingen.

JOHANN CHRISTIAN KITTEL

1732 kommt Johann Christian Kittel in Erfurt zur Welt. Hineingeboren in eine protestantische Familie, ging er zeitig nach Leipzig und lernte bei Johann Sebastian Bach Orgelspiel und Komposition. Als sein Lehrmeister 1750 starb, ging Kittel nach Erfurt zurück und nahm die Stelle des Organisten an der Predigerkirche ein. Er lehrte viele Schüler das Orgelspiel und Komponieren in Bachs Manier.

CHRISTOPH MARTIN WIELAND

Christoph Martin Wieland (1733-1813), ein bekannter Dichter und Zeitgenosse von Goethe und Schiller, studierte ab 1748 Philosophie in Erfurt, wechselte aber nach zwei Jahren nach Tübingen, wo er Jura studierte. Zwischen 1769 und 1772 kehrte Wieland nach Erfurt zurück, um nun als Professor Philosophie zu lehren. Danach rief ihn Herzogin Anna Amalia von Sachsen-Weimar als Prinzen-Erzieher und Lehrer an ihren Hof.

JOHANN WILHELM HÄSSLER

Johann Wilhelm Häßler, 1747 in Erfurt geboren, 1822 in Moskau gestorben, war Organist an der Barfüßerkirche. Häßler erhielt nach seiner Ausbildung zum Strumpfwirker musikalische Unterweisungen von seinem Onkel Johann Christian Kittel (einem der letzten Schüler von Johann Sebastian Bach). Häßler komponierte zahlreiche Werke, unter anderem die zu seiner Zeit sehr beliebte Kantate „In Erfurt ist gut wohnen", zu der der Mainzer Statthalter Karl Theodor von Dalberg den Text verfasste. Manchmal kann man diese Melodie vom Bartholomäusturm herab hören, wenn sie das automatische Glockenspiel wiedergibt.

RICHARD WETZ

Richard Wetz (1875–1935) stammte aus Gleiwitz (Oberschlesien). Nach der Schule studierte er am Konservatorium in Leipzig und München. 1906 übernahm Wetz die Leitung des Erfurter Musikvereins. 1916 begann seine Lehrtätigkeit an der Großherzoglichen Schule für Musik, die ab 1919 als Staatliche Musikschule weitergeführt wurde. 1920 zum Professor ernannt, wurde Wetz – gleichzeitig mit Strawinsky – Auswärtiges Mitglied der Preußischen Akademie der Künste. Wetz starb am 16. Januar 1935 in Erfurt. Er hinterließ bedeutende Werke, die heute wieder verstärkt zur Aufführung kommen. Besonders seine drei Sinfonien, die Werke für Chor und Orchester „Gesang des Lebens" und „Dritter Psalm", sein „Requiem" und seine über hundert Klavierlieder zeigen ihn als bedeutenden Komponisten, der in einer Linie mit Schubert, Liszt und Hugo Wolf steht.

MARGARETHA REICHARDT

Auch das Bauhaus hinterließ in Erfurt Spuren. Bekannteste Vertreterin, die in Erfurt lebte und arbeitete, war Margaretha „Grete" Reichardt, auf dem Foto oben links (1907–1984). Sie studierte an der Erfurter Kunstgewerbeschule und später am Bauhaus. Dort hatte sie unter anderem bei Paul Klee und Wassily Kandinsky Unterricht und wurde vom Meisterrat an die Weberei des Bauhauses delegiert. Sie wohnte und arbeitete ab 1934 in Erfurt-Bischleben und entwarf in der eigenen Werkstatt Stoffe und Muster für Teppiche, Kleider- und Dekostoffe. 1939 erhielt sie auf der Mailänder Triennale eine Goldmedaille für ihre Entwürfe. Ihr Wohn- und Arbeitshaus ist heute ein Museum.

JÜRGEN KERTH

Jürgen Kerth kommt 1948 in Erfurt zur Welt, sein Vaterhaus steht in der Allerheilgenstraße. Über viele Jahre hinweg galt Kerth als der beste Bluesgitarrist der DDR. Legendär sind seine Livekonzerte, die auch schon mal etwas länger dauerten.

CLUESO

Thomas Hübner, besser bekannt als der überaus erfolgreiche Popsänger Clueso, wurde 1980 in der Nähe von Erfurt geboren und wuchs hier auf. Er war unter anderem im Auftrag des deutschen Goethe-Instituts weltweit unterwegs und gab Konzerte. Seiner Heimatstadt bleibt er dabei eng verbunden. „Erfurt ist ein kleiner Anker für mich“, sagt er in einem Interview mit der Zeitschrift STERN.

YVONNE CATERFIELD

Ebenfalls in Erfurt geboren, nämlich 1989, wurde Yvonne Catterfeld, Sängerin und Schauspielerin. Sie kann einige Erfolge auf musikalischem Gebiet vorweisen und vielen dürfte sie aus der Serie „Gute Zeiten, schlechte Zeiten“ bekannt sein. Seit 2016 spielt sie neben Götz Schubert die Hauptrolle in der Krimireihe „Wolfsland“. Drehort ist Görlitz.

INDUSTRIE UND GARTENBAU

Nicht ohne Grund hat Erfurt den Beinamen „Blumenstadt“, denn hier hat der Gartenbau eine lange Tradition. Im 19. Jahrhundert entwickelte sich Erfurt außerdem zu einem Zentrum der industriellen Produktion in Thüringen. Nicht nur die Schuhindustrie, auch die Textil- und Waffenproduktion sowie die Herstellung von Lampen und Schreibmaschinen prägten die Erfurter Wirtschaft.

Industrie und Gartenbau

INDUSTRIE UND GARTENBAU

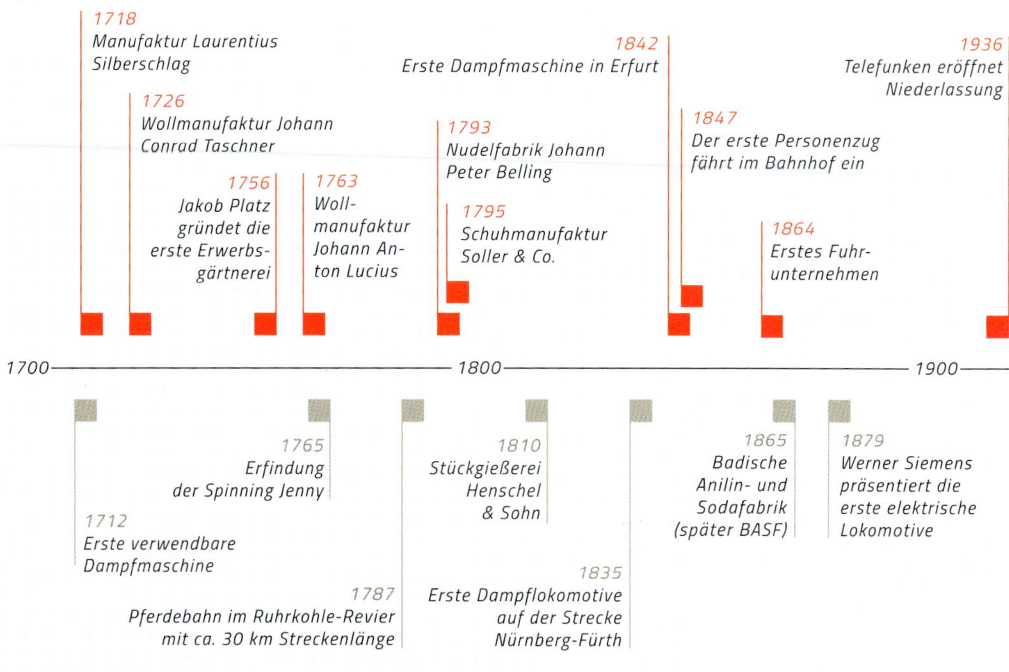

DIE ERSTEN MANUFAKTUREN

Laurentius Silberschlag, ein Zinngießer, hatte seine Werkstatt seit dem späten 17. Jahrhundert in Erfurt. Um 1700 fertigte er für einen Birnkrug aus Granatserpentinit Henkel und Deckel. Dieser Krug ist das einzige Stück im Angermuseum, das Laurentius Silberschlag zugeordnet werden kann. 1718 gründete Silberschlag eine erste Manufaktur und produzierte Fayencen, die im In- und Ausland guten Absatz fanden. Ab 1724 führte Johann Paul Stieglitz die Produktion weiter. Von Bedeutung war auch die 1726 gegründete Wollmanufaktur von Johann Conrad Taschner. 1763 folgte die Woll- und Tuchmanufaktur von Johann Anton Lucius. Dort wurde 1842 die erste Dampfmaschine Erfurts in Betrieb genommen.

SCHUHE UND STIEFEL

Ab 1795 bauten Soller & Co. eine Schuhfabrikation auf, die immerhin 19 000 Paar Stiefel pro Jahr produzierte und sie sowohl an das französische als auch an das preußische Militär verkaufte.

NOCH MEHR SCHUHE

Ende des 19. Jahrhunderts gründeten Eduard Lingel und Maier & Louis Hess ihre Schuhfabriken und wurden zu führenden Herstellern in Deutschland. Ein Nachfahre der Familie Hess ist Namensgeber der Alfred-Hess-Straße im Erfurter Süden. Alle Betriebe wurden nach dem Zweiten Weltkrieg enteignet und als Volkseigene Betriebe weitergeführt. Im breiten Erfurtsch hieß das Schuhkombinat „Paul Schäfer" schlicht „Latschenpaule".

GÄRTNERISCHER FLEISS

Auch im gärtnerischen Bereich gab es erfolgreiche Unternehmungen. Jakob Platz war 1756 der Erste, der eine Erwerbsgärtnerei gründete. Nicht einmal zwanzig Jahre später gab es bereits 75 Gärtnereien in Erfurt, darunter so bekannte Namen wie Haage oder Chrestensen.

NUDELN UND SENF AUS ERFURT

Wer heute bei Discountern Nudeln kauft, der erwirbt oft Teigwaren aus Erfurt. Schauen Sie mal auf das Kleingedruckte! Zu Recht wirbt die Erfurter Teigwaren GmbH mit der Bezeichnung „Deutschlands erste Nudelmacher". 1793 begann Johann Peter Belling mit der Nudelproduktion, die seine Witwe und sein Sohn ausbauten. Die industrielle Produktion begann in der 2. H. des 19. Jhs., nachdem Ferdinand North die Firma übernommen hat.

Heute noch bekannt ist die Firma Born. Zunächst produzierten Louis und Wilhelm Born seit 1820 unter anderem Beinschwarz (ein aus Elfenbein gewonnenes schwarzes Farbpigment), Knochenmehl und Zement. 1845 gründeten die Brüder in Ilversgehoven eine Samenhandlung und begannen Essig, Sprit und eben den uns Erfurtern lieb gewordenen Senf zu produzieren. Noch heute sind Produkte der Born Senf & Feinkost GmbH in allen Ladenregalen zu finden.

TRANSPORT

1847 wurde Erfurt Direktionssitz der Thüringischen Eisenbahngesellschaft. Der erste Zug, von Weimar kommend, rollte am 1. April im neu errichteten Bahnhof ein. Damit die Produkte der Erfurter Unternehmen zum Empfänger gelangten, gründete Julius König 1864 das erste Fuhrunternehmen in Erfurt und es gelang ihm, das Monopol über die Hin- und Hertransporte der Waren zum Bahnhof zu erhalten. Ein kluger Schachzug und ein Riesengeschäft. Noch heute ist an der Fassade des Firmensitzes in der Schmidtstedter Straße ein geflügeltes Eisenbahnrad zu erkennen.

TELEFUNKEN

Die Berliner Telefunken Gesellschaft für drahtlose Telegrafie m.b.H. eröffnete 1936 eine Zweigniederlassung in Erfurt und produzierte in der Nachbarschaft der Olympia-Werke. Unter anderem wurden der „Theodor-Empfänger" und der „Horst-Funkhorchempfänger" montiert, Hauptabnehmer war die deutsche Wehrmacht. Nach 1945 wurde der Nachfolger Funkwerk zu einem der größten Arbeitgeber in Erfurt. Ende der 1970er-Jahre begann in Erfurt die Produktion von mikroelektronischen Elementen.

SCHUHE IN HANDARBEIT

Der Brunnen am westlichen Ende des Angers, von den Erfurtern auch „alter Angerbrunnen" genannt, erinnert an die Fertigstellung der ersten öffentlichen Wasserleitung in Erfurt. Der figürliche Schmuck steht für Gärtnerfleiß und Handwerk.

Das Gebäude unmittelbar hinter dem Angerbrunnen beherbergte ab 1795 die Schuhmanufaktur der Herren Johann Adam Gottschalk, Moritz Brauer und Ludwig Soller. Ende des 18. Jahrhunderts produzierte die Manufaktur über 19000 Paar Stiefel sowohl für das französische als auch das preußische Militär. Damenstiefel wurden ebenfalls hergestellt und das alles in Handarbeit! Heutzutage erscheint uns diese Stückzahl gering – an der Wende des 18. zum 19. Jahrhundert war das jedoch eine enorme Leistung.

STRÜMPFE UND MÜTZEN

Im Haus Anger 37/38, heute „Haus Dacheröden" genannt, baute Sebastian Lucius 1814 eine „Textilwarenhandlung mit eigener Fabrikation von Baumwollwaren", auf. Sebastian Lucius war 1799 in die Firma seines Vaters Johann Anton Lucius eingetreten und initiierte zusätzlich einen Handel mit Strümpfen, seidenen Tüchern, Manchester, Schnittwaren und – was auch immer dies mit Textilien zu tun haben mag – Schnupftabak. Aus eigener Fabrikation lieferte Lucius Mützen aus Wolle, Baumwolle und Kattunen, später auch englische Twiste und Leinengarne. 1842 wurde hier die erste Dampfmaschine in Erfurt installiert. 860 Arbeiter schufteten an 430 Webstühlen für Sebastian Lucius. Dieser erhielt 1844 den Titel Kommerzienrat und revanchierte sich durch großzügige Schenkungen, die die Gründung des Katholischen Krankenhauses in Erfurt ermöglichten. Noch 1950 ist im Adressbuch von Erfurt Johann Anton Lucius, Strumpffabrik, als Eigentümer des Hauses eingetragen.

LEDERWAREN AUS ERFURT

Im Haus Anger 23 hatte die Friedrich Langen KG einen ihrer Produktionsstandorte und stellte Kleinlederwaren her wie beispielsweise Etuis für Maniküresets und Werkzeug. Damit erreichte die Firma 1962 einen Umsatz von immerhin 429 000 Mark. Bereits in den 1950er-Jahren waren die Eigentümer der Firma zur Aufnahme einer staatlichen Beteiligung gezwungen worden und das Funkwerk Kölleda übernahm 50 % Prozent des Kapitals.

JETZT WIRD'S BUNT!

Die Lederfabrik von Carl Geyer, einst in der Gotthardtstraße 24 angesiedelt, stellte Gürtel, Damentaschen, Berufstaschen für die Reichsbahn, Faltbeutel, Knirpshüllen und ähnliche Dinge her. Carl Geyer hatte die Firma von seinem Vaters übernommen und die Produktion vom Petersberg in die Altstadt verlegt. Anfang der 1950er-Jahre musste auch Carl Geyer einer staatlichen Beteiligung zustimmen. Immerhin behielt Geyer die Mehrheit seiner Firma, denn der VEB Lederwaren Apolda hatte von der Deutschen Investitionsbank nur 40 % des Kapitals übernommen.

1962 erhielt der Betrieb erhebliche Überplanbestände an dederon von der volkseigenen Bekleidungsindustrie, den Warenhäusern, Webereien und Stoffdruckereien. Nun konnten die Faltbeutel, die bisher aus gummierten Taftschotten hergestellt wurden, in größeren Mengen aus dederon gearbeitet werden. Allein 1962 erreichte die Firma mit diesen Faltbeuteln einen Umsatz von 1.565 880,- DM. Doch selbst der massenhafte Absatz solcher Artikel rettete die Firma nicht vor der Verstaatlichung. Am 8. Juni 1973 wurde der Eintrag im Handelsregister gelöscht, um anschließend unter neuer Firmierung als VEB Täschnerwaren Erfurt wieder eingetragen zu werden.

OLYMPIA – WAFFEN UND SCHREIBMASCHINEN

1864 verlegte die Gewehrfabrik Saarn ihre Direktion nach Erfurt. Als Königlich Preußische Gewehrfabrik wurde sie rasch der größte Arbeitgeber in Erfurt. Im Ersten Weltkrieg kamen vier Fünftel aller Handfeuerwaffen, die das deutsche Militär verwendete, aus Erfurt!
1922 wurde die Gewehrfabrik an die AEG verkauft und die gesamte Schreibmaschinenherstellung zog von Berlin nach Erfurt. 1924 wurden die ersten Schreibmaschinen vom Typ „Mignon" ausgeliefert. Die legendäre Schreibmaschine Olympia M8 war der wohl größte Erfolg der Firma. Der Produktionsausstoß übertraf die gesamte Produktion in Europa. Auf dieser Erfolgswelle entschied sich die Firmenleitung, fortan als „Olympia-Werke" zu firmieren. Nach dem Ende des Zweiten Weltkriegs wurden die Olympia-Werke Erfurt verstaatlicht und nach gerichtlichen Auseinandersetzungen in „Optima" umbenannt. Schreibmaschinen produzierte man in Erfurt bis 1989.

ALLES WIRD VERWERTET

Jahrelang kaufte ein Geschäftsmann Schreibmaschinen für den arabischen Markt, die für den Seeweg in Holzkisten verpackt und mit Stahlbändern verschlossen waren. Als die Optima begann, Überseesendungen in Kunststoff zu verpacken, drohte der Einkäufer mit sofortigem Abnahmestopp. Während eines langen Abends in einem Erfurter Hotel konnte die Ursache dafür ermittelt werden: Sowohl an den Seekisten als auch an den Stahlbändern hing die wirtschaftliche Existenz der Verwandtschaft des Einkäufers. Das Holz wurde in einer Tischlerei weiterverarbeitet und die Stahlbänder sorgten für Nachschub in einer Schlosserei. Die Verwandtschaft setzte den Geschäftsmann natürlich unter Druck, die Lieferungen wie gewohnt beizubehalten. Also wurden die Schreibmaschinen für den arabischen Markt wieder in den althergebrachten Seekisten versandt.

MAGGI? NEIN, SPEISEWÜRZE!

Ein bis heute bekanntes Produkt, wenn auch unter anderem Namen, wurde in Erfurt produziert: Speisewürze, im Volksmund „Maggi“ genannt. Jeder kennt wohl den typischen Geruch dieses flüssigen dunkelbraunen Gewürzes, dass in der DDR als ALO-Speisewürze in jeder Küche Verwendung fand. Hergestellt wurde es von der ALO Nahrungsmittelwerk Klein & Russek KG, die wie viele andere Firmen in den 1950er-Jahren einer staatlichen Beteiligung zustimmen musste. Bei der ALO Nahrungsmittelwerk Klein & Russek KG übernahm der VEB Fleischkombinat Erfurt knapp dreißig Prozent des Kapitals. Am Anger, Haus Nummer 21, war die ALO-Verwaltung untergebracht, die Produktion befand sich im Süden der Stadt.

Noch viele Jahre nachdem der Produktionsstandort aufgegeben war, lag der typische Geruch über dem Gelände des „ALO-Sportplatzes“, wo heute die Arbeitsagentur zu finden ist.

Mit ALO-Würze und den anderen Produkten wie Brühpaste und gekörnter Brühe wurden 1962 über 2,3 Mill. Mark Umsatz erzielt. Der Gesamtgewinn der ALO Klein & Russek KG wurde mit 244 341 DM beziffert. Auch diese offensichtlich vorbildlich geführte und wirtschaftlich erfolgreiche Firma wurde 1972 verstaatlicht und am 8. Juni 1972 aus dem Handelsregister gelöscht. Ohne Unterbrechung wurde nun unter dem Namen VEB ALO Werk Erfurt weiterproduziert, bis der Betrieb in der Wendezeit abgewickelt wurde.

ERFURT IN ALLER WELT

Im Laufe der Jahrhunderte waren zahlreiche Glocken in Erfurt im Einsatz. Bis in die jüngere Vergangenheit hinein gab es einen, der klingende Grüße aus Erfurt in alle Welt brachte: die Glockengießerei Wittrien. Der Betrieb belieferte ab 1945 die DDR-Werften mit Schiffsglocken und es wurden rund 24 000 Glocken gegossen. So stammt die Glocke, die am Platz des Landtagspräsidenten steht, aus der Werkstatt Wittrien.

BANKHAUS STÜRCKE

Im Anger 55/56 hatte ein renommiertes Erfurter Bankhaus seine Geschäftsräume: das Bankhaus Stürcke.
Adolph Stürcke war 1844 Teilhaber der Privatbank von Heinrich Herrmann geworden, der sein Unternehmen später als Wechsel-, Inkasso- und Speditionsgeschäft betrieb. Im Revolutionsjahr 1848 übernahm Adolph Stürcke die Geschäfte und führte sie unter eigenen Namen weiter. 1906 ließ Stürcke das heutige Geschäftshaus errichten, dessen Entwurf von dem Erfurter Architekten Arthur Hügel stammte, der auch für das Hotel Kossenhaschen (heute „Erfurter Hof") verantwortlich zeichnete.
Das Bankhaus Stürcke überstand alle Krisen und wurde nach dem Zweiten Weltkrieg im November 1945 wieder zugelassen. Kurze Zeit nach der Währungsreform 1948 wurde das Bankhaus abgewickelt und enteignet. Anderen privaten Bankhäusern erging es ähnlich, wie beispielsweise dem Bankhaus Pinckert, Blanchard & Co., das an der Kreuzung Anger/Bahnhofstraße seinen Sitz hatte. Der Geldgeber für zahlreiche Unternehmen in Erfurt und Umgebung ging später in der Mitteldeutschen Privatbank auf. Nach dem Zweiten Weltkrieg und der Enteignung waren hier die Damen und Herren der Deutschen Investitionsbank, Filiale Thüringen, tätig. Die Deutsche Investitionsbank spielte bei der Verstaatlichung der Privatbetriebe der Stadt eine besondere Rolle. Sie trat als Kommanditist der zahlreichen in den 1950er-Jahren teilenteigneten und umfirmierten Privatbetriebe auf. Ein gutes Geschäft, denn die Bank hatte kaum finanzielle Risiken, konnte jedoch allen Gewinn für sich verbuchen.

BÜROKLAMMERN AUS ERFURT

Zander & Co., Großbetrieb für Papier- und Metallverarbeitung, besser bekannt unter dem Namen „Etikettenfabrik", hatte über Erfurt hinaus einen guten Ruf. 1904 von Wilhelm Siegfried gegründet, hatte die Fabrik ihren Sitz in der Melchendorfer Straße. Ein eigenes Kunstatelier sowie Sonderabteilungen für Lithografie, Stein- und Buchdruck gehörten von Anbeginn zum Unternehmen. Neben Etiketten produzierte die Etikettenfabrik auch Briefklammern, Reißbrettstifte, Zettelhaken und Bilderhaken. Nach dem Zweiten Weltkrieg wurde das Unternehmen verstaatlicht, der VEB Etikettenfabrik Erfurt war der Rechtsnachfolger. Von 1990 bis zur Schließung 1995 firmierte das Unternehmen als ETAMA Etikettenfabrik Erfurt GmbH. Das Gebäude wurde in den 2010er-Jahren saniert und als Ärztehaus einer neuen Nutzung zugeführt.

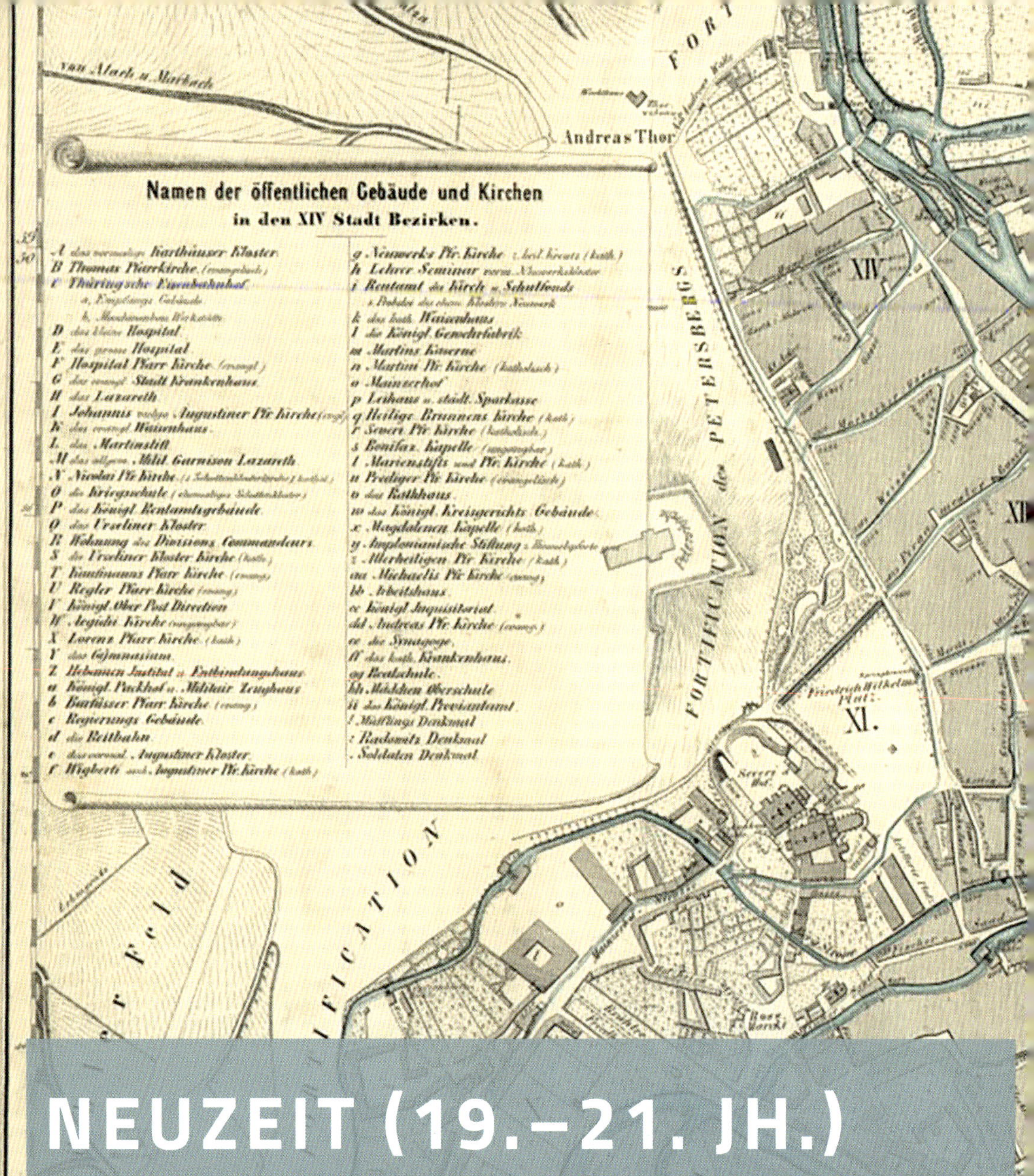

NEUZEIT (19.–21. JH.)

Der preußische Staat hatte Ende des 19. Jahrhunderts Erfurt als Festung I. Ranges aufgegeben und ab 1873 die Verteidigungsanlagen zurückbauen lassen. Der Flächengewinn war enorm, immerhin konnten nun rund 83 Hektar ehemals Verteidigungszwecken dienende Flächen anderweitig genutzt werden. 1906 erreichte Erfurt mit 100 000 Einwohnern den Status einer Großstadt.

Neuzeit (19.–21. Jh.)

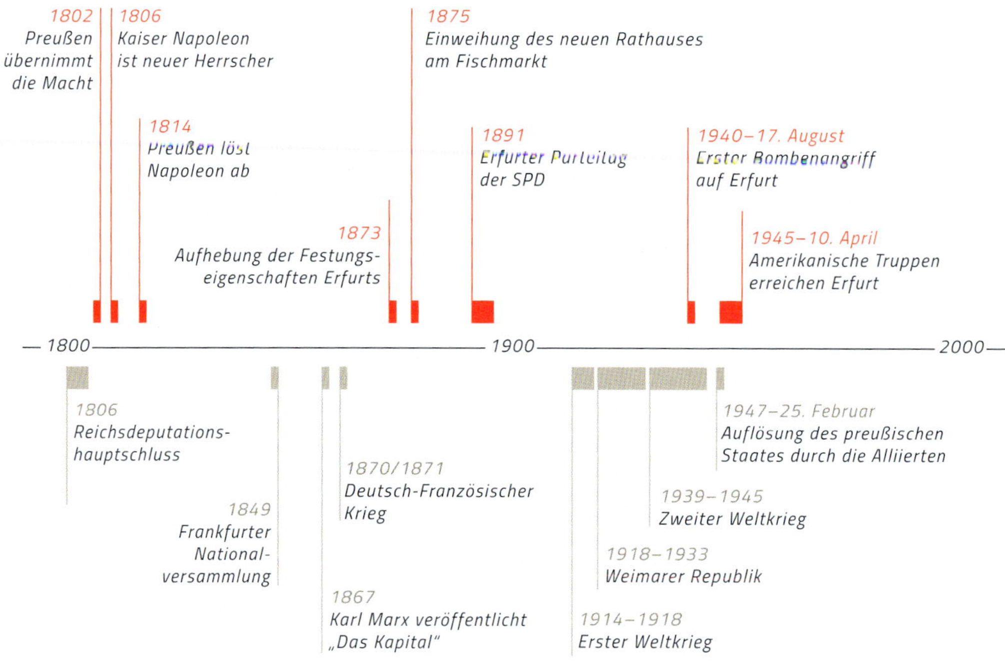

HERRSCHER KOMMEN UND GEHEN

Das 19. Jahrhundert verlief für Erfurt turbulent. Nach jahrhundertelanger kurmainzischer Herrschaft sollte es innerhalb weniger Jahrzehnte zu mehreren Wechseln kommen. Nach dem Ende des Zweiten Koalitionskrieges (1798/99–1801/02) musste Preußen unter Friedrich Wilhelm III. die linksrheinischen Gebiete an Frankreich abtreten. Somit ging u. a. Erfurt mit seinem Stadt- und Landgebiet in den preußischen Staatsverbund über. Ende August 1802 zogen preußische Truppen in die Stadt ein und Zivilkommissare übernahmen die Verwaltung. Ehemalige kurmainzische Beamte standen nun in preußischen Diensten.

ERFURT ALS „KAISERLICHE DOMAINE“

Kaum war Erfurt preußisch, wurde es französisch. 1806 unterlagen die preußischen Truppen bei Jena und Auerstedt dem französischen Heer, die Festung Erfurt wurde kampflos an die Sieger übergeben. Napoleon machte die Stadt 1807 per Dekret zu seiner „kaiserlichen Domaine“. Unter französischer Herrschaft wurden unter anderem die Vitikirche an der Kreuzung Regierungsstraße/Lange Brücke und die Benediktskirche am Westende der Krämerbrücke abgebrochen und die Glocken der Peterskirche meistbietend verkauft. Darüber hinaus erhob die französische Verwaltung eine Art Maut, nämlich ein Pflastergeld für ortsfremde Pferde zur Pflege des Straßenpflasters. Und die Franzosen erhellten die Stadt, indem sie eine einheitliche Straßenbeleuchtung einführten.

PREUSSEN

Kaum hatten die Erfurter ein bisschen Französisch gelernt, war es schon wieder vorbei mit der Parliererei. Am 6. Januar 1814 zogen die Truppen der gegen Napoleon Verbündeten unter großem Jubel der Erfurter in die Stadt. Der auf dem Anger aufgestellte „Napoleon-Obelisk“, einst als „Geburtstagsgeschenk“ auf Kosten der Erfurter aufgestellt, wurde von den Bürgern zerstört. Nach dem Wiener Kongress 1815 wurde Erfurt erneut Preußen zugesprochen und im Jahr darauf zur Hauptstadt des preußischen Regierungsbezirks Erfurt erklärt. Unterstellt war sie dem Oberpräsidenten der Provinz Sachsen mit Sitz in Magdeburg.

REVOLUTION!

Was zu Beginn des Jahres 1848 in Frankreich begann, erfasste bald ganz West- und Mitteleuropa. Auch in Erfurt kam es im März und im Juni 1848 zu Tumulten. Einen Höhepunkt erreichte die Revolution am 24. November. Die Straßenkämpfe am Anger und in der Bahnhofstraße kosteten 12 Handwerksgesellen und selbstständigen Handwerksmeistern sowie sieben Soldaten das Leben.

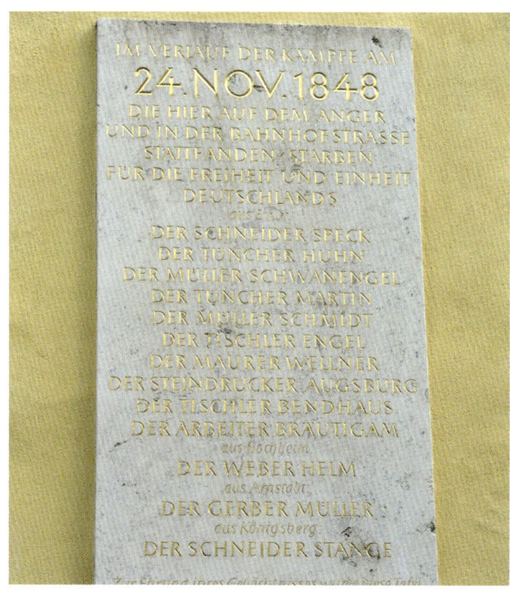

ERSTER WELTKRIEG

Erfurt mit seiner starken Industrie entwickelte sich zu einem Rüstungszentrum. Mehr als 40 000 Arbeiter waren in den Betrieben beschäftigt. Die Stadt lag verkehrsgünstig und weit weg von den reichsdeutschen Grenzen. Alle Regimenter der Erfurter Garnison wurden auf den Schlachtfeldern des Ersten Weltkriegs eingesetzt. Am Ende waren 3579 Erfurter gefallen.

NOVEMBERREVOLUTION

1918 ruft Philipp Scheidemann die Republik aus. Die Novemberrevolution, die ihren Anfang in Kiel und Wilhelmshaven nahm, erreichte auch Erfurt. Die Belegschaften der großen Betriebe und die Soldaten der Garnison zogen durch die Stadt und machten lautstark ihre Forderungen bekannt.
Am Abend des 8. November sammelte man sich im Tivoli (Magdeburger Allee) und gründete einen Arbeiter- und Soldatenrat. Am nächsten Morgen besetzten die Soldaten die Kommandantur am Anger und entwaffneten die Offiziere. Ein Streik erfasste nahezu alle Betriebe Erfurts. Auf dem Domplatz, damals Friedrich-Wilhelm-Platz, wurden bei einer Kundgebung die Ziele des Arbeiter- und Soldatenrates bekannt gegeben und fanden begeisterte Zustimmung.

NATIONALSOZIALISMUS

Mit der „Machtergreifung“ Hitlers am 30. Januar 1933 endete die kommunale Selbstverwaltung Erfurts, die NSDAP bestimmte fortan die Geschicke der Stadt. In der Feldstraße 18 wurde ein erstes Konzentrationslager errichtet. Die jüdischen Bürger wurden verschleppt. Viele Zwangsarbeiter stammten aus Russland. Der Erfurter Familienbetrieb Topf & Söhne, eine Ofenfabrik, baute Verbrennungsöfen für nationalsozialistische Konzentrationslager. Auf den Schlachtfeldern des Zweiten Weltkriegs fielen über 5000 Erfurter Männer, in der Stadt sind durch Bomben und Granaten fast 1400 Menschen gestorben, die Schäden an den Gebäuden beliefen sich auf 85,5 Mill. Reichsmark.

JÜDISCHES LEBEN

Seit dem späten 11. Jahrhundert gab es in Erfurt eine jüdische Gemeinde. Dendrochronologische Untersuchungen datierten die Errichtungszeit einer Synagoge auf das Jahr 1094. In mehreren Bauphasen in der zweiten Hälfte des 12. und im 13. Jahrhundert erhielt die Alte Synagoge um 1370 ihr bis heute vollständig erhaltenes äußeres Erscheinungsbild. Das Ritualbad, die Mikwe, befand sich in unmittelbarer Nähe zur Synagoge, in der Kreuzgasse. Die jüdische Gemeinde lebte lange Zeit in guter Nachbarschaft zu den Christen im Stadtgebiet zwischen Michaeliskirche, Rathaus und Krämerbrücke. Ein Ghetto gab es in Erfurt nicht. Während der Pestepidemie im 14. Jahrhundert wurden die Bürger jüdischen Glaubens jedoch als Urheber dieser Seuche und als „Brunnenvergifter" verunglimpft. Im März 1349 löschte ein Pogrom die gesamte jüdische Gemeinde aus, das waren rund 900 Menschen. Einem jüdischen Kaufmann gelang es in letzter Minute, einen umfangreichen Gold- und Silberschatz in seinem Haus zu verstecken. Dieser wurde bei Bauarbeiten Ende der 1990er-Jahre in der Michaelisstraße 43 wiederentdeckt und ist heute das Glanzstück der Dauerausstellung in der Alten Synagoge zur jüdischen Geschichte in Erfurt.

Bereits wenige Jahre nach dem Pogrom siedelten sich erneut Menschen jüdischen Glaubens in Erfurt an. Aber die antisemitische Hetze nahm in der ersten Hälfte des 15. Jahrhunderts wieder zu. Als 1453 der städtische Rat den Juden den Schutz aufkündigte, wurden sie in Erfurt nicht mehr geduldet und verließen die Stadt. Ihre Häuser wurden verkauft und die Synagoge zum Zeughaus umgebaut. Der jüdische Friedhof in der Moritzstraße wurde eingeebnet.

Im 19. Jahrhundert siedelten sich wieder Juden in Erfurt an, die Kleine Synagoge wurde 1840 geweiht. Die Gemeinde wuchs rasch an und die Kleine Synagoge aus Platzgründen aufgegeben. 1884 errichtete die Gemeinde die Große Synagoge am Kartäuserring (heute Juri-Gagarin-Ring). Zunächst legte die Gemeinde einen Friedhof in der Cyriaksstraße an, später einen in der heutigen Werner-Seelenbinder-Straße, wo er sich nach wie vor befindet. Da die Kleine Synagoge während der Naziherrschaft bereits nicht mehr als Gotteshaus genutzt wurde, entging sie deren Zerstörungswut. Die Große Synagoge brannten die Nazis am 9./10. November 1938 nieder und die Deportation von ca. 800 Menschen jüdischen Glaubens begann.

Nach dem Ende des Zweiten Weltkriegs gründete sich die jüdische Gemeinde mit etwa 20 Menschen neu. 1932 hatte die Gemeinde fast 1300 Mitglieder gehabt. Nachdem das Grundstück im Kartäuserring zurückgegeben wurde, ließ die Gemeinde die Neue Synagoge errichten, den ersten und einzigen Synagogenneubau auf dem Gebiet der DDR. 1952 wurde das Gotteshaus geweiht.

15 Handschriften aus dem 12. bis 14. Jahrhundert, so viele wie von keiner anderen jüdischen Gemeinde, sind erhalten und werden als Faksimile in der Alten Synagoge gezeigt. Außerdem sind vier Torarollen und vier hebräische Bibeln sowie ein Machsor, ein Gebetbuch für Feiertage, in der Alten Synagoge zu sehen. Diese ist über 900 Jahre alt und damit eine der ältesten erhaltenen Synagogen Europas. Erst 2007 wurde die Mikwe, das über 700 Jahre alte rituelle Reinigungsbad, gefunden.

Heute leben rund 500 Menschen jüdischen Glaubens in Erfurt. Anfang 2021 wurde der Welterbeantrag unter dem Titel „Jüdisch-Mittelalterliches Erbe in Erfurt" bei der UNESCO eingereicht.

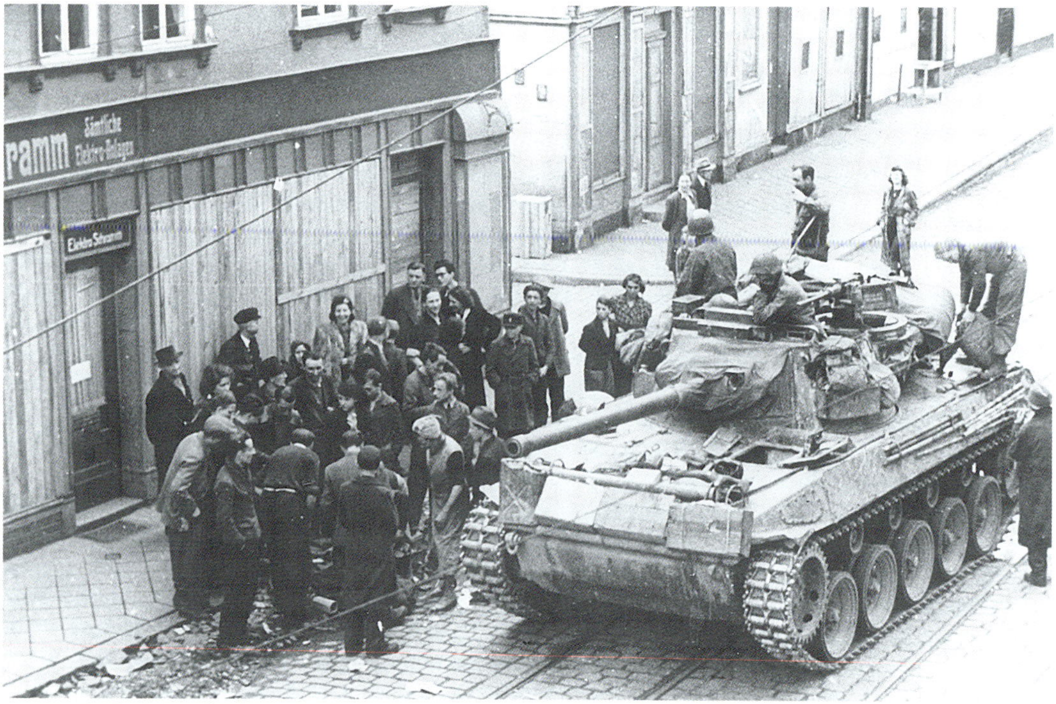

DIE BEFREIER KAMEN AUS DEN USA

Am 12. April 1945 besetzten Soldaten der 3. US-Armee unter General George S. Patton die Stadt. Faktisch war damit der Zweite Weltkrieg für Erfurt zu Ende. Einen Tag später übernahm die Militärverwaltung unter Major Noble O. Moore das Kommando. Alle Befehle und Veröffentlichungen mussten widerspruchslos befolgt werden. Als Oberbürgermeister setzte die amerikanische Stadtkommandantur den parteilosen Otto Gerber ein. Im Juli 1945 fuhren wieder auf allen Strecken Straßenbahnen und Omnibusse.

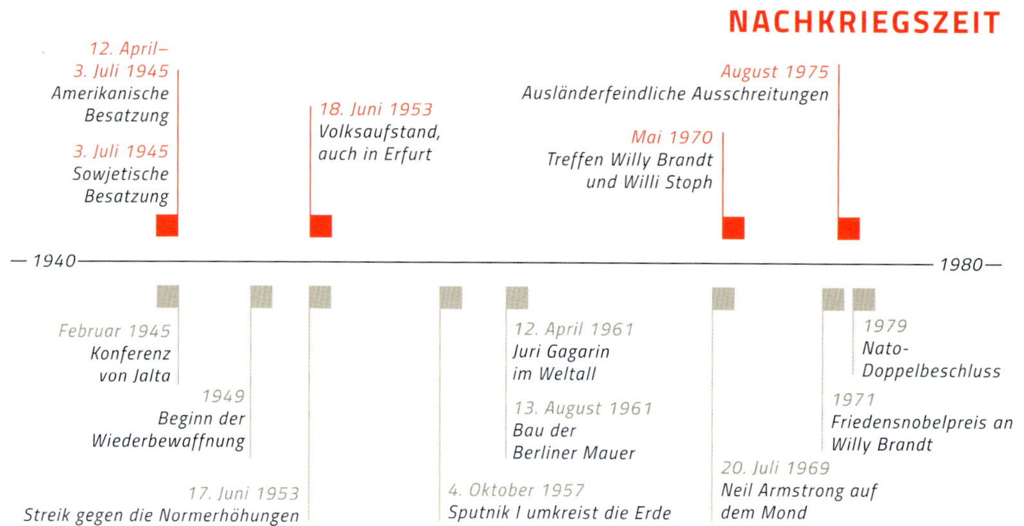

UNTER SOWJETISCHER BESATZUNG

Am 3. Juli 1945 übergab die amerikanische Kommandantur das Kommando an die Sowjetarmee. Vier Tage später enthob man den parteilosen Otto Gerber seines Amtes als Oberbürgermeister und setzte den Kommunisten Hermann Jahn ein.
Aus der ersten Wahl zur Stadtverordnetenversammlung ging der liberale Paul Hach als Sieger hervor und wurde zum Oberbürgermeister ernannt. Allerdings erzwang die SED-Führung, gedeckt vom sowjetischen Stadtkommandanten, dessen Rücktritt. Die Stadtverordneten „wählten" daraufhin Georg Boock zum Oberbürgermeister. Die SED erhielt bei der Stadtverordnetenwahl lediglich ein Drittel der abgegebenen Stimmen.

KOMMUNISTISCHE HERRSCHAFT

Nach der Gründung der DDR im Oktober 1949 übertrug der sowjetische Stadtkommandant Major Kutschuk im November 1949 alle politischen und administrativen Rechte und Pflichten an den Oberbürgermeister Georg Boock.
Am 17. Juni 1953 machte sich der Unmut der Bevölkerung über die Erhöhung der Arbeitsnormen Luft. Wie in anderen Orten legten auch in Erfurt Streiks die Produktion lahm.
Im Juni 1971 rollte nach dem 8. Parteitag der SED eine weitere Enteignungswelle über die Erfurter Wirtschaft hinweg. Danach gab es nur noch vereinzelt privatwirtschaftlich tätige Betriebe.
Die Industriebetriebe Erfurts wie Optima, Funkwerk und Umformtechnik exportierten ihre Produkte erfolgreich ins Ausland. Die Schreibmaschinen der Optima fanden Käufer in aller Welt, es wurden sogar Schreibmaschinen mit arabischem Schrifttypen hergestellt. Wirtschaftliche Schwierigkeiten nahmen im Verlauf der 1970er- und 80er-Jahre zu.

CYRIAKSBERG UND EGA-PARK

„Dreimal umgezogen ist wie einmal abgebrannt!" So oder so ähnlich muss es den Benediktinnerinnen in Erfurt ergangen sein. Die Nonnen zogen vom Domberg auf den Cyriaksberg, vom Cyriaksberg an den östlichen Fuß des Petersberges und anschließend in die Nähe des Augustinerklosters.
Ursprünglich hatten die Benediktinerinnen ihre Konventsgebäude auf dem Domberg. Als zwischen 1111 und 1137 Erzbischof Adalbert I. den Domberg befestigen ließ, mussten sie einen neuen Platz für ihr Kloster finden und landeten vor den Toren der Stadt auf dem Cyriaksberg, einer Erhebung westlich der Stadtmauern in Richtung Gotha. Ab 1123 ließen sie ihre Klostergebäude errichten. Immerhin lebten die Nonnen dort über 350 Jahre, bis das Kloster zurück in die Stadt verlegt wurde, nun an den Osthang des Petersberges, in die Nähe der heutigen Andreaskirche.
Grund für den erneuten Umzug des Klosters war die politische und militärische Situation, die es am Ende des 15. Jahrhunderts erforderlich machte, eine Festung an der westlichen Flanke der Stadt zu errichten. 1480 genehmigte Kaiser Friedrich III. (1415–1493) den Bau der Festung Cyriaksburg, der vom Erfurter Stadtrat initiiert wurde. Der Bau zog sich über Jahrzehnte hin. Im Verlauf des Dreißigjährigen Krieges hat auch Otto von Guericke als Festungsbauingenieur seine Spuren an der Festung hinterlassen, er ließ einige Verbesserungen an den Festungsbauwerken vornehmen. Später, 1636, fiel die Festung in die Hände der schwedischen Truppen. Mit der Kapitulation Erfurts vor den kurmainzischen Belagerungstruppen 1664 übergab der Erfurter Rat die Cyriaksburg in die Hände des Kurfürsten und Erzbischofs von Mainz. Die Festungsanlage blieb erhalten, hatte aber keine so große Bedeutung wie die Zitadelle Petersberg.
Am 25. April 1813 besichtigte Kaiser Napoleon die Cyriaksburg und gab Anweisungen zu deren weiterem Ausbau. Geholfen hat es freilich wenig. Nach der Völkerschlacht bei Leipzig flüchteten die französischen Soldaten nach Erfurt und verschanzten sich in den Festungsanlagen. Das ging nicht lange gut. Die Preußen belagerten die Stadt, Napoleons Macht schwand und 1814 zogen die letzten 1700 Mann aus der Festung Cyriaksburg und der Zitadelle Petersberg ab.
Unter preußischer Herrschaft begann der Bau einer Defensionskaserne (1824–1831), die heute das Deutsche Gartenbaumuseum beherbergt. Als 1839 die Modernisierung der Zitadelle Cyriaksburg abgeschlossen war, soll Kronprinz Friedrich Wilhelm gesagt haben: „Man hätte die Festungswerke auch in Silber ausführen können, teurer wären sie nicht gekommen."
Militärstrategisch hatte die Cyriaksburg nach der Reichsgründung 1871 und der Aufhebung der Festungseigenschaften Erfurts im Jahre 1873 keinerlei Bedeutung mehr. Der 1841 gegründete „Erfurter Verschönerungsverein" regte 1885 an, das gesamte einstige Festungsgelände auf dem Cyriaksberg zu einem Park umzugestalten. 1919 kaufte die Stadt das Areal und verwandelte es in eine Gartenanlage.

DER NEUE KULTURPARK

1948 beschloss die Stadtverordnetenversammlung den Aufbau des Kulturparks „Cyriaksburg“. Die Schau „Erfurt blüht“ vom 7. Juli bis 17. September 1950 wurde dann auch ein großer Erfolg. Auf dem neu gestalteten 36 ha großen Ausstellungsgelände der Cyriaksburg präsentierten zahlreiche Gartenbaubetriebe Obst, Gemüse, Stauden, Dahlien, Rosen und Hunderttausende Sommerblumen.

Vom 28. April bis zum 15. Oktober 1961 fand in Erfurt die 1. Internationale Gartenbauausstellung statt. Den Charakter einer internationalen Ausstellung erhielt diese Schau wegen der erstmaligen Beteiligung sozialistischer Länder wie die Sowjetunion, Bulgarien, Tschechoslowakei, Rumänien und Ungarn. Im exakt gleichen Zeitraum fand in Stuttgart die Bundesgartenschau statt. Zuvor hatten zahlreiche Erfurter das Ausstellungsgelände im Bereich der Cyriaksburg in mehr oder weniger freiwilligen Arbeitseinsätzen im Rahmen des Nationalen Aufbauwerks (NAW) umgestaltet. In Zahlen lesen sich diese Arbeitsleistungen so: In über 416 000 (andere Quellen nennen 364 000) Arbeitsstunden wurden mehr als 100 000 Kubikmeter Erde bewegt, 18,3 Kilometer Straßen und Wege neu gebaut, fast 12 Kilometer Be- und Entwässerungsleitungen geschaffen, 40 Kilometer Kabel gezogen und über 400 Leuchten montiert. 14 Hallen und Pavillons, die teilweise noch heute vorhanden sind, ein Parkrestaurant, an dessen Standort heute das neu errichtete Urwald- und Wüstenhaus Danakil zu finden ist, und ein Freilichttheater für nahezu 1000 Zuschauer wurden in Vorbereitung auf die 1. Internationale Gartenbauausstellung neu errichtet. Seit Mitte der 1950er-Jahre hatten die Organisatoren diese Gartenbauausstellung vorbereitet. Die Idee dazu wird dem damaligen Oberbürgermeister Erfurts, Georg Boock, zugeschrieben.

Heute steht das Gelände des egaparks unter Denkmalschutz und ist der größte Landschaftspark Thüringens. Die ehemaligen Festungsgebäude sind in das Ensemble einbezogen: Die einstige Defensionskaserne beherbergt das Deutsche Gartenbaumuseum, der südliche Geschützturm ist als Ausstellungs- und Aussichtsturm hergerichtet worden und im nördlichen Geschützturm ist seit den 1950er-Jahren eine Sternwarte mit einem Zeiss-Teleskop eingerichtet.

EINE NEUE ZEIT

Nach den Kommunalwahlen zu Beginn des Jahres 1989 wurden Stimmen lauter, die forderten, im System DDR Veränderungen zu erwirken. Die Menschen trafen sich zu Friedensgebeten in der Lorenzkirche am Anger, aber auch in anderen Erfurter Kirchen. Die „Oppositionellen", die Staatssicherheit bezeichnete sie gern als „feindlich-negative Kräfte", gewannen an Selbstbewusstsein und Mut. Im Herbst 1989 gründeten sich zahlreiche Bürgerinitiativen wie „Neues Forum", „Demokratischer Aufbruch", „Demokratie jetzt", „Frauen für Veränderung" und viele andere. Die erste „Montagsdemo", wie man sie aus Leipzig kennt, fand in Erfurt am 26. Oktober 1989 statt – einem Donnerstag.

Die Nachricht von der Öffnung der deutsch-deutschen Grenze am 9. November '89, auch ein Donnerstag, erreichte tausende Erfurter auf der Demo auf dem Domplatz. Am folgenden Tag gab es lange Warteschlangen vor dem Volkspolizeiamt in der Nähe der Thüringenhalle. Alle wollten ein Visum erhalten, um in den „Westen" zu fahren.

Am Abend des 3. Dezember 1989, ein Sonntag. bemerkte eine Anwohnerin in der Andreasstraße schwarzen Rauch und Gestank nach verbranntem Kunststoff, der das Gebäude der Staatssicherheit umnebelte. Sie informierte Bekannte, die ihrerseits weitere Freunde und Bekannte in Kenntnis setzten, dass in der Andreasstraße etwas vorging, das an Aktenvernichtung denken ließ. Besonders die Mitglieder des „Neuen Forums" bemühten sich, den Vorgang aufzuklären. So bestanden sie auf einem Treffen im Rathaus mit Bürgermeister Hirschfeldt, das am 4. Dezember um sieben Uhr morgens stattfand. In dem etwa einstündigen Gespräch forderten die Mitglieder des „Neuen Forums" eine Klärung der Vorgänge in den Dienststellen des MfS/AfNS, sie wollten „sehen, was dort verbrannt wird". Das Hinzuziehen eines Staatsanwaltes sollte keine schnellere Klärung bringen, sondern der Aktion einen juristischen Rückhalt geben. So wurde denn ein Militärstaatsanwalt beauftragt, eine Abordnung in die Stasizentrale in der Andreasstraße zu begleiten.

Gegen 10:00 Uhr wurden die Delegierten in Begleitung von Militärstaatsanwälten zur Bezirksverwaltung in der Andreasstraße und zur Kreisdienststelle in der Alfred-Heß-Straße (damals Straße der Einheit) in Bewegung gesetzt. Nach etwa zweistündiger Diskussion mit dem Wachpersonal erhielten die Abordnungen Zugang zu den Besucherzimmern. Wer auf die Idee kam nach Abhörmikrofonen zu suchen, ist heute nicht mehr zu sagen. Die Vermutung wurde jedoch nach kurzer Suche bestätigt. Auf der Rückseite einer gerahmten Fotografie des Generalsekretärs der SED, Honecker, war das Mikrofon befestigt. Sowohl die Abordnung in der Andreasstraße als auch die „Besetzer" der Kreisdienststelle erhielten nach Gesprächen mit den Verantwortlichen gegen 13 Uhr Zugang zu den Dienstgebäuden. In beiden Objekten wurden die Mitarbeiter aufgefordert, ihre Dienstzimmer zu verlassen; manche folgten diesen Aufforderungen kommentarlos, andere wiederum drohten offen.

Auch später versuchten Stasi-Mitarbeiter Mitglieder des Bürgerkomitees einzuschüchtern, zwei bis heute ungeklärte Anschläge auf Mitglieder des Bürgerkomitees sind aktenkundig, jedoch nie untersucht worden. Gegen achtzehn Uhr erschien eine Abordnung der Berliner Stasizentrale, die die „Besetzer" aufforderte, Akten internationaler Agenten geschlossen und die Chiffriertechnik unangetastet zu lassen. Überdies sollten die Fernschreibverbindungen zwischen den Dienstobjekten funktionsfähig bleiben.

Am 10. Dezember trat die langjährige Oberbürgermeisterin Erfurts, Rosemarie Seibert, zurück. Siegfried Hirschfeld, ebenfalls SED, wurde neuer OB. Seine Dienstzeit endete am 30. Mai 1990.

Die Stadtverordnetenversammlung wurde am 7. Februar 1990 aufgelöst und ein Interimsparlament gebildet, bestehend aus je fünf Vertretern aller Parteien, Organisationen und Bürgerbewegungen des „Runden Tisches". Nach der ersten freien Wahl der Stadtverordnetenversammlung Erfurts am 6. Mai 1990 wurde Manfred Ruge (CDU) am 30. Mai 1990 zum Oberbürgermeister und Dietmar Schuhmacher zum 1. Bürgermeister gewählt. Ratspräsident war Karl-Heinz Kindervater.

DIE 1990ER

LANDESHAUPTSTADT

Wichtig war die Entscheidung des Thüringer Landtages am 10. Januar 1991, Erfurt zur Landeshauptstadt des Staates Thüringen zu erklären. Weimar stand zwar zur Debatte, für Erfurt stimmte jedoch die Mehrheit der Abgeordneten mit 49 von 88 Stimmen.

UNIVERSITÄT

Im Februar 1993 setzte das Land Thüringen Dr. Klaus Dieter Wolff als Gründungsbeauftragten für die Erfurter Universität ein und knüpfte an eine lange Universitätstradition an. Am 1. Januar 1994 erfolgte die juristische Wiedergründung. Der Lehrbetrieb wurde im Wintersemester 1999/2000 aufgenommen. Gründungsrektor war der SPD-Politiker Peter Glotz (1939–2005).

PETERSKIRCHE

Die Treuhandgesellschaft verkaufte am 10. Mai 1993 für den symbolischen Preis von 1 DM die Peterskirche, einst religiöses Zentrum des Benediktinerklosters St. Peter und Paul, an das Wissenschaftsministerium Thüringen. Im Herbst 1993 stellte die Erfurter Niederlassung der Treuhandgesellschaft ihre Tätigkeit ein. Innerhalb von drei Jahren wurden 640 Betriebe verkauft und über 3000 Unternehmen reprivatisiert, darunter Traditionsunternehmen wie N. L. Chrestensen und Born.

BUNDESARBEITSGERICHT

Ebenfalls 1993 zog das Bundesarbeitsgericht, bisher in Kassel angesiedelt, nach Erfurt. Ein moderner Gebäudekomplex entstand auf dem Gelände am Petersberg nach Entwürfen der Architektin Gesine Weinmiller. Der Alltag der Arbeitsrichter in Erfurt begann am 22. November 1999, die erste Verhandlung fand zwei Tage später statt. Zur offiziellen Einweihung am 26. Januar 2000 war Bundespräsident Johannes Rau als Gast anwesend.

1989 Okt./Nov.
Bürgerinitiativen entstehen

1989 26. Oktober
erste Großdemonstration

1991 10. Januar
Erfurt wird Landeshauptstadt Thüringens

1994 29. April
Neugründung der Erfurter Universität

1999
Jürgen Kerth erhält den Kulturpreis

1990 — 2000

1990 3. Oktober
Beitritt der DDR zur Bundesrepublik Deutschland

1994
Abzug der letzten russischen Truppen

1998
Gerhard Schröder wird Bundeskanzler

1992
Das Stasi-Unterlagengesetz tritt in Kraft

1989 19. August
Paneuropäisches Picknick

1989 9. November
Grenzöffnung

DOMSTUFEN-FESTSPIELE

Der damalige Generalintendant des Theaters Erfurt, Dietrich Taube, belebte 1994 die Tradition der Erfurter Domstufen-Spiele neu. Als erste Aufführung der DomStufen-Festspiele hörten die Erfurter und ihre Gäste Carl Orffs „Carmina Burana“. Die Veranstaltungen der Festspiele sind regelmäßig ausverkauft und ein Publikumsmagnet über Thüringen und Deutschland hinaus.

DIE 2000ER

VERKEHRSBETRIEBE

Die Erfurter Verkehrsbetriebe nahmen in den 2000ern viele neue Streckenabschnitte in Betrieb, so z. B. zum Ringelberg (Mai 2000) und zur Messe (August 2001). Auch die einstige Strecke durch das Brühl wurde 2001 wieder in Betrieb genommen. Die Strecke zum Flughafen Erfurt wurde im Juli 2005 eröffnet, 2007 folgte der Streckenabschnitt zwischen Rieth und Salinenstraße.

GEWÄCHSHAUSANLAGE

Im Juni 2000 wurde eine Gewächshausanlage in der Leipziger Straße – im „Grünen Bildungszentrum" – übergeben, in der verschiedene Klimazonen simuliert werden können. Genutzt wird die Anlage sowohl von der Fachhochschule Erfurt als auch von der Lehr- und Versuchsanstalt Gartenbau.

DRUCKEREIMUSEUM

Das Druckereimuseum und Schaudepot im sanierten „Benary-Speicher" im Erfurter Brühl wurde im Februar 2001 der Stadt übergeben. Neben Druckmaschinen aus vergangenen Zeiten ist die komplette Werkstatt des Kunstdruckers Ernst August Zimmermann zu sehen.

BABYKLAPPE

Die erste Babyklappe – was für ein Begriff! – der neuen Bundesländer wurde im Februar 2001 im Klinikum Erfurt in Betrieb genommen. „Babykorb" klingt wesentlich besser – Mütter in Not können ihr Neugeborenes anonym abgeben.

DIE 2000ER

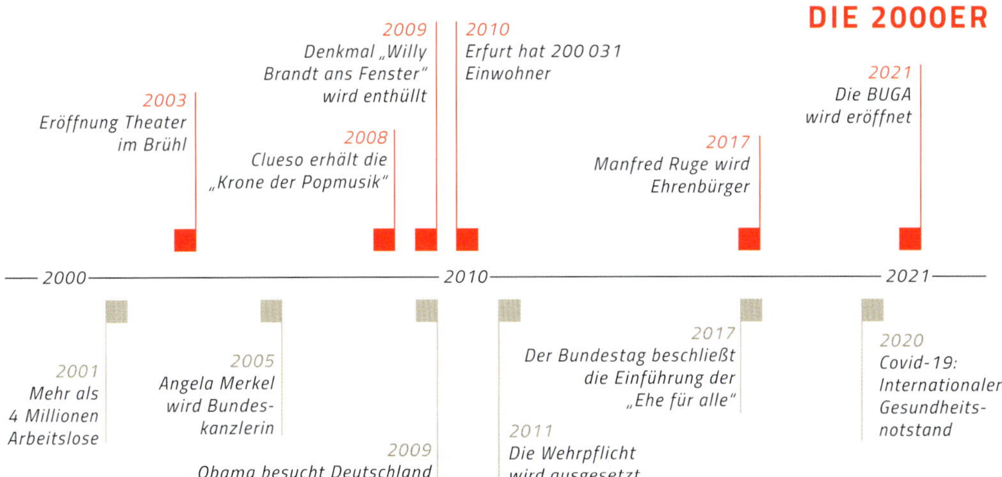

EISLAUFHALLE

Im Dezember 2001 ging die neue Eislaufhalle, die „Gunda-Niemann-Stirnemann-Halle" in Betrieb. Erste Veranstaltungen waren die Deutschen Mehrkampfmeisterschaften im Eisschnelllauf und die Mehrkampf-Europameisterschaften.

AMOKLAUF

Einer der schwärzesten Tage in der Geschichte Erfurts war der 26. April 2002. Ein ehemaliger Schüler des Gutenberg-Gymnasiums ermordete 15 Schülerinnen und Schüler, Lehrerinnen und Lehrer sowie einen Polizeibeamten. Am 3. Mai 2002 sprach Bundespräsident Johannes Rau zu den mehr als zehntausend Besuchern der Gedenkfeier auf dem Domplatz.

HAUPTBAHNHOF

Der Hauptbahnhof Erfurt wurde in mehreren Bauabschnitten zwischen 2002 und 2012 umfangreich umgebaut. Erfurt ist nun ICE-Knotenpunkt und aus allen Richtungen gut zu erreichen.

THEATER

Im September 2003 eröffnete das neue Theater Erfurt im Brühl mit der Oper „Luther“ von Peter Aderhold als erster Theaterneubau des 21. Jahrhunderts in Europa.

ERFURTER HOF

Am einstigen Hotel „Erfurter Hof“, vis-à-vis des Hauptbahnhofs, begannen im April 2005 Sanierung und Umbau zu einem modernen Geschäftshaus. 2007 konnten die Arbeiten abgeschlossen werden. Deutschlandweit bekannt geworden ist der Erfurter Hof mit dem Treffen von Willi Stoph und Willy Brandt am 19. März 1970.

UNIVERSITÄTSGOTTESDIENST

In der Michaeliskirche wurde im Januar 2007 der erste Universitätsgottesdienst seit über 200 Jahren gefeiert. Universitätsprediger war Christian Albrecht.

KIKA

Das Kindermedienzentrum Erfurt ging im Juli 2007 in Betrieb. Hier wurden und werden Kindersendungen produziert, so z. B. Schloss Einstein Erfurt. Der KiKa – der Kinderkanal von ARD und ZDF, den öffentlich-rechtlichen Fernsehanstalten Deutschlands – hat seinen Sitz seit 1997 im Landesfunkhaus Thüringen in der Gothaer Straße.

RADRENNBAHN

Die älteste Radrennbahn der Welt, die „steinerne Suppenschüssel" im Andreasried, wurde nach umfangreicher Sanierung im Mai 2008 – natürlich mit sportlichen Wettkämpfen – wiedereröffnet.

FUSSBALL

Das Eröffnungsspiel der neu geschaffenen 3. Fußballliga bestritten im Juli 2008 der FC Rot-Weiß Erfurt und Dynamo Dresden. 16 000 Zuschauer im Steigerwaldstadion sahen ein 0:1. RW Erfurt ging als erster Verlierer der 3. Liga in die Geschichte ein. Der Traditionsklub Rot-Weiß hat schon bessere Zeiten gesehen: 1954 waren die Fußballer der damaligen BSG Turbine Erfurt (BSG: Betriebssportgemeinschaft) DDR-Meister.

DER FÜRSTENKONGRESS

Im September 2008 beging Erfurt das 200. Jubiläum des Fürstenkongresses. 1808 hatte Kaiser Napoleon neben Zar Alexander von Russland zahlreiche weitere Könige und Fürsten aus Europa nach Erfurt geladen. Eigentlicher Zweck waren Verhandlungen zwischen Napoleon und Alexander, doch die hohen Herren brachten auch viel Glanz und Glamour in die Stadt. Zwei Wochen lang, vom 27. September bis 14. Oktober 1808, befand sich die Stadt sozusagen im Ausnahmezustand. Napoleon wohnte im Statthalterpalais in der Regierungsstraße (heute Staatskanzlei), Zar Alexander residierte im Haus „Zur Grünen Aue und Kardinal", Anger 6, das zu dieser Zeit dem Tabakfabrikanten Triebel gehörte.

RELIGIÖSES LEBEN

Erfurts Katholiken erhielten bereits 1994 durch die Erhebung des bischöflichen Amtes Erfurt-Meiningen ein Bistum. Bischofssitz wurde die Hohe Domkirche St. Marien. Erster Erfurter Bischof wurde Dr. Joachim Wanke, dem 2014 Dr. Ulrich Neymeyr folgte. Zum Weihbischof ernannte Papst Benedikt XVI. am 11. Oktober 2005 Dr. Reinhard Hauke, der ab 1992 Dompfarrer und ab 1994 Domkapitular des Kathedralkapitels St. Marien zu Erfurt war.

Auch die Lutheraner veränderten ihre Strukturen. Mit einem Festgottesdienst in der Thomaskirche in der Schillerstraße feierten die Protestanten am 1. Januar 2009 die Gründung der Evangelischen Kirche Mitteldeutschland (EKM). Die Evangelisch-Lutherische Kirche in Thüringen und die Evangelische Kirche der Kirchenprovinz Sachsen fusionierten zur Evangelischen Kirche Mitteldeutschland und diese vereinte nun rund eine Millionen Protestanten. Erste Landesbischöfin war Ilse Junkermann, ihr folgte 2019 Friedrich Kramer. Das Landeskirchenamt der EKM fand ab 2011 im Collegium Maius der alten Erfurter Universität ein Zuhause.

BUNDESGARTENSCHAU

Bereits 1865 fand in Erfurt eine erste Internationale Land- und Gartenbauausstellung statt, die in Anwesenheit von Augusta Marie Luise Katharina von Sachsen-Weimar, Königin von Preußen und Kaiserin von Deutschland, eröffnet wurde. Die erste Bundesgartenschau wurde im Jahr 1951 in Hannover veranstaltet. Ab diesem Zeitpunkt gab es in regelmäßigen Abständen Schauen in unterschiedlichen Städten. 2021 ist das Jahr, in dem die BUGA erstmals in Erfurt zu sehen war. Den „Schlüssel“ für die Bundesgartenschau erhielt Erfurt von Heilbronn, wo die BUGA 2019 stattfand. Trotz den Bedingungen der Coronapandemie ist die BUGA 2021 ein voller Erfolg. Was von den temporären Veränderungen bleibt, wird die Zeit zeigen. Mir gefällt die Begrünung der Straßenzwischeninseln, wie am Schmidtstedter Knoten oder auf der Bahnhofsbrücke. Wenn die blieben, hätte Erfurt zu Recht den Beinamen „Blumenstadt“ verdient.

DIE „ALTE OPER“

Auch das Opernhaus war von der Eröffnung des Neuen Theaters in seiner Existenz bedroht – es wurde geschlossen. Kurze Zeit später und nach einer Sanierung für rund zwei Millionen Euro wurde es im September 2004 als „Alte Oper“ wieder eröffnet, diesmal unter privater Regie, und fortan für Operetten, Musicals, Kleinkunst, Lesungen und andere Formate genutzt. Schön, dass es sie noch gibt!

ALTES SCHAUSPIELHAUS

2003 wurde in Erfurt im Stadtteil Brühl der Theaterneubau eröffnet – der einzige Theaterneubau in den neuen Bundesländern. Pech für Opernhaus und Schauspielhaus, die geschlossen und abgewickelt wurden. Die letzte Aufführung im Schauspielhaus war die Tragikkomödie die – sicher kein Zufall – den Titel trug „Noch ist Polen nicht verloren", basierend auf einem Stück von Melchior Lengyel. Ernst Lubitsch hatte die Komödie 1942 unter dem Titel „Sein oder Nichtsein" verfilmt. Beide Titel passen durchaus auf das Schicksal des Schauspielhauses, denn lange Zeit war nicht sicher, ob das Gebäude erhalten bleiben würde. Zwischennutzungen gab es durchaus, aber keinen ernsthaften Investor.
Eine Zeitlang arbeitete das Tanztheater Erfurt in den Räumlichkeiten. Der Kinderkanal von ARD und ZDF drehte 2015 und 2016 die Staffel 19 der Serie „Schloss Einstein Erfurt" im alten Schauspielhaus. Noch heute kommen Fans, die das „Internat" von „Schloss Einstein" sehen wollen. Schließlich nutzte das Landeskriminalamt das Gebäude als Übungsstätte für Sondereinsatzkommandos, die unter anderem Sprengübungen abhielten. Die Spuren dieser Zwischennutzung sollen übrigens erhalten bleiben. Denn mittlerweile ist klar: Das Schauspielhaus wird zu einem neuen kulturellen Ort werden!

THÜRINGENS ERSTE KULTUR-GENOSSENSCHAFT

Im November 2016 gründeten engagierte Bürger und Bürgerinnen eine Genossenschaft mit dem Ziel, in Erfurt ein Kulturquartier zu etablieren. Ein Nutzungs- und Betreibungskonzept wurde dem Stadtrat übergeben, der daraufhin mit überwältigender Mehrheit dem Verkauf des Schauspielhauses an die Genossenschaft KulturQuartier zustimmte. Die für Kauf und Sanierung geplanten 5,5 Millionen Euro sollten durch Kredite und die Aktion 1000 x 1000 eingenommen werden. Bei dieser Aktion sollten 1000 Anteile zu je 1000 Euro an kulturinteressierte Bürger und Bürgerinnen ausgegeben werden. Aktuell sind 970 000 Euro auf diese Weise zusammengekommen.

Hauptmieter im geplanten KulturQuartier werden Radio F.R.E.I., die Initiative kommunales Kino Erfurt e.V. und Tanztheater Erfurt e.V.

UND WARUM SIND NUN MANCHE GASSEN KRUMM?

Erfurt ist kein geplantes Stadtgebilde, zumindest war es dies nicht in der Anfangszeit. Die Leute bauten ihre Behausungen dort, wo sie Platz fanden oder zugewiesen bekamen. Einheitliche Fluchtlinien gab es nicht. Die Wege folgten den Begrenzungen der Häuser. Und wie Trampelpfade sich winden, so entwickelten sich manche Straßen- und Gassenverläufe in Erfurt auf eigentümliche Weise. Gelegentlich war es auch anders herum: die Straße war da und nun musste das Gebäude dem Straßenverlauf folgen, wie beispielsweise bei der Allerheiligenkirche oder der Michaeliskirche, die ja beide einen ungewöhnlichen Grundriss aufweisen.

WEITERE BÜCHER AUS ERFURT UND THÜRINGEN

Dunkle Geschichten aus Erfurt
SCHÖN & SCHAURIG
Ulrich Seidel
80 Seiten, Hardcover, zahlr. S/w-Fotos
ISBN 978-3-8313-3274-8

Erfurt - Gestern und Heute
Regina Söffker, Wolfgang Hase
72 Seiten, Hardcover, zahlr. Farb- und S/w-Fotos
ISBN 978-3-8313-2240-4

Aufgewachsen in Erfurt in den 40er und 50er Jahren
Eike Küstner
64 Seiten, Hardcover, zahlr. Farb- und S/w-Fotos
ISBN 978-3-8313-2012-7

Starke Frauen aus Thüringen
Kerstin Klare
96 Seiten, Hardcover, zahlr. Farbfotos
ISBN 978-3-8313-3250-2

Wartberg-Verlag GmbH
Bücher für Deutschlands Städte und Regionen
Im Wiesental 1, 34281 Gudensberg

Tel. 05603-93050
Fax 05603-930528
www.wartberg-verlag.de